btb

Mit »Es ist, wie's ist« beweist Lydia Davis ihre große Meisterschaft in der kleinen Form. Sie betrachtet auf trocken-humorige und intelligente Art das, was zwischen uns und in uns selbst vorgehen kann. Auch noch so kleine Feinheiten und Details des Lebens entdeckt Davis und schenkt ihnen besondere Bedeutung.

Eine Vielzahl an unterschiedlichsten Lebenssituationen und menschlichen Eigentümlichkeiten findet sich in den Stories, erzählt mit einem präzisen, klaren Blick: Alltagsspleens und -ängste, eben »ein paar Dinge, die mit mir nicht in Ordnung sind«; ein Kassensturz über eine beendete Beziehung; eine Mutter, die mit ihrer Tochter nie zufrieden ist; eine Kriminalgeschichte, die als Französischsprachkurs getarnt ist; das Rätsel, was es wirklich mit dem Brief eines Ex-Freundes auf sich hat; »Auszüge aus einem Leben«, die einen ganzen Lebensverlauf im Schnelldurchlauf erzählen – und so vieles mehr.

Lydia Davis, 1947 in Northampton, Massachusetts, geboren, wuchs dort wie auch in New York (und vorübergehend in Graz) auf. Nach Jahren in Irland und Frankreich lebt sie heute wieder in New York. Lydia Davis ist eine herausragende Stimme der amerikanischen Gegenwartsliteratur und hochgelobte literarische Übersetzerin (u. a. von Marcel Proust, Gustave Flaubert und Robert Walser). Für ihr Werk wurde sie vielfach ausgezeichnet, u. a. mit dem Man Booker International Prize, der Award of Merit Medal der American Academy of Arts and Letters und dem PEN Malamud Award.

Lydia Davis

Es ist, wie's ist

Stories

Aus dem Amerikanischen
von Klaus Hoffer

btb

Die Originalausgabe erschien unter dem Titel
»BREAK IT DOWN« bei Farrar; Straus and Giraux, New York

MIX
Papier aus verantwortungsvollen Quellen
FSC® C014496

Penguin Random House Verlagsgruppe FSC® N001967

1. Auflage
Genehmigte Taschenbuchausgabe Juli 2022
btb Verlag in der Penguin Random House Verlagsgruppe GmbH
Neumarkter Straße 28, 81673 München

Covergestaltung: semper smile, München
nach einem Entwurf von &Co graphicdesign unter Verwendung
einer frei nutzbaren Grafik von © Spoon Graphics
Druck und Einband: GGP Media GmbH, Pößneck
MK · Herstellung: sc
Printed in Germany
ISBN 978-3-442-77168-4

www.btb-verlag.de
www.facebook.com/btbverlag

Story

Ich komme von der Arbeit nach Hause und finde eine Nachricht von ihm vor: dass er nicht kommt, dass er zu tun hat. Er wird wieder anrufen. Ich warte darauf, von ihm zu hören, dann, um neun, fahre ich zu seiner Wohnung, entdecke seinen Wagen, aber er ist nicht zu Hause. Ich klopfe an seine Wohnungstür, danach an alle Garagentore, weil ich nicht weiß, welches seines ist – keine Antwort. Ich schreibe eine Nachricht, lese sie durch, schreibe eine neue Nachricht und stecke sie in den Türschlitz. Zu Hause bin ich ruhelos, und alles, wozu ich fähig bin, obwohl es eine Menge zu tun gibt, weil ich am Morgen verreise, ist Klavier zu spielen. Um Viertel vor elf rufe ich wieder an, und er ist zu Hause: Er war mit seiner Ex-Freundin im Kino, und sie ist immer noch bei ihm. Er sagt, er wird zurückrufen. Ich warte. Schließlich setze ich mich hin und schreibe in mein Notizbuch, dass er entweder zu mir kommen wird, wenn er mich anruft, oder aber dass er es nicht tun wird und dass ich wütend sein werde, sodass ich entweder ihn habe oder aber meine Wut, und das wäre vielleicht in Ordnung, denn Wut hat immer etwas sehr Tröstliches, wie ich bei meinem Mann herausgefunden habe. Und dann schreibe ich weiter – in der dritten Person und im Präteritum –, dass sie offensichtlich immer eine Liebe brauchte, selbst wenn es eine komplizierte Liebe war. Er ruft zurück, bevor ich Zeit habe, all das zu notieren. Als er anruft, ist es kurz nach halb zwölf. Bis knapp vor zwölf streiten wir. Alles, was er sagt, widerspricht sich: Zum Beispiel sagt er, er habe mich nicht sehen wollen, weil er arbeiten wollte und weil er mehr allein sein wollte, aber er hat nicht gearbeitet und er war nicht allein. Ich kriege ihn nicht dazu, auch nur einen dieser Widersprüche aufzuklären, und als sich das Gespräch allzu sehr wie die vielen Gespräche mit meinem Ehemann anhört, sage ich Tschüss und lege auf. Ich höre auf aufzuschreiben, was ich aufzuschreiben anfing, obwohl nun offenbar nicht mehr zutrifft, dass Wut etwas ausgesprochen Tröstliches habe.

Nach fünf Minuten rufe ich zurück, um ihm zu sagen, dass mir dieses Hickhack leidtut und dass ich ihn liebe, aber er hebt nicht ab. Fünf Minuten später rufe ich wieder an, weil ich denke, vielleicht ist er in seine Garage gegangen und ist zurück, aber er hebt wieder nicht ab. Ich überlege, ob ich noch einmal hinfahren soll, um nachzusehen, ob er in seiner Garage arbeitet, weil er seinen Schreibtisch und seine Bücher dort hat und weil er zum Lesen und zum Schreiben hingeht. Ich bin in meinem Nachthemd, Mitternacht ist vorbei, und ich muss am nächsten Morgen um fünf aus dem Haus. Trotzdem ziehe ich mich an und fahre die Strecke von etwa einer Meile zu ihm. Ich fürchte, dass ich vor seinem Haus andere Autos sehen werde, die ich vorhin nicht gesehen habe, und dass eins davon seiner Ex-Freundin gehört. Als ich die Einfahrt hinunterfahre, sehe ich zwei Autos, die vorher nicht da waren, und eins von ihnen parkt so nah wie möglich vor seiner Tür, und ich denke, dass sie da ist. Ich gehe um das kleine Gebäude, zur Rückseite, wo sich sein Apartment befindet, und blicke durchs Fenster hinein: Das Licht ist an, aber wegen der halbgeschlossenen Jalousien und wegen der beschlagenen Scheiben kann ich nichts eindeutig erkennen. Aber die Dinge sind in dem Zimmer jetzt irgendwie anders angeordnet als früher am Abend, und davor waren die Scheiben nicht beschlagen. Ich öffne das Fliegengitter und klopfe. Ich warte. Keine Antwort. Ich lasse die Tür mit dem Fliegengitter zufallen und gehe weg, um die Garagen der Reihe nach zu inspizieren. Während ich weggehe, geht die Tür hinter mir auf, und er kommt heraus. Ich kann ihn nicht so gut erkennen, weil es in der schmalen Gasse vor seiner Tür dunkel ist und weil er dunkle Kleidung trägt und weil das Licht von hinten auf ihn fällt. Er kommt zu mir und legt seine Arme wortlos um mich, und ich denke, dass es nicht etwa wegen seiner starken Gefühle ist, weshalb er nichts sagt, sondern weil er sich zurechtlegt, was er mir sagen will. Er lässt mich los und macht einen Bogen um mich und geht mir voraus zu den Autos, die neben den Garagentoren parken.

Beim Hinausgehen sagt er: »Schau«, und dann meinen Namen, und ich warte darauf, dass er sagt, dass sie hier ist, und auch, dass mit uns alles aus ist. Aber das macht er nicht, und ich habe das Gefühl, dass er tatsächlich vorgehabt hat, so etwas zu sagen oder zumindest zu sagen, dass sie da ist und dass er sich das dann aus irgendeinem Grund anders überlegt hat. Stattdessen sagt er, dass alles, was an diesem Abend falsch gelaufen ist, seine Schuld gewesen sei und es ihm leidtue. Er steht mit dem Rücken an ein Garagentor gelehnt, sein Gesicht im Licht, und ich stehe vor ihm, das Licht in meinem Rücken. Auf einmal umarmt er mich so plötzlich und unerwartet, dass die Glut meiner Zigarette hinter ihm am Garagentor herunterbröselt. Ich weiß, warum wir hier draußen sind und nicht in seinem Zimmer, aber ich frage nicht, bevor nicht alles zwischen uns wieder im Lot ist. Dann sagt er: »Als ich dich anrief, war sie nicht hier. Sie ist später wiedergekommen.« Er sagt, sie sei nur deshalb da, weil ihr irgendetwas Sorgen bereite und dass er der Einzige sei, mit dem sie darüber reden könne. Dann sagt er: »Das verstehst du nicht – oder?«

Ich versuche es auf die Reihe zu kriegen.

Sie sind also ins Kino und danach zu ihm nach Hause, und dann habe ich angerufen, und sie ist weggegangen, und er hat zurückgerufen, und wir haben uns gestritten, und dann habe ich zweimal zurückgerufen, aber da war er weg, ein Bier holen (sagt er), und dann bin ich hinübergefahren, und in der Zwischenzeit war er vom Bierholen zurück, und sie war auch wieder da, und jetzt war sie in seinem Zimmer, weshalb wir uns vor den Garagentoren unterhielten. Aber ist das die Wahrheit? Konnten er und sie tatsächlich in dieser kurzen Zeit zwischen meinem letzten Anruf und meiner Ankunft zu ihm zurückgekommen sein? Oder war es de facto so, dass sie, während er mit mir telefonierte, draußen oder in seiner Garage oder in ihrem Auto wartete und dass er sie dann wieder ins Haus holte und dass er das Telefon bei meinem zweiten und dritten Anruf klingeln ließ, ohne es abzunehmen, weil er von mir und dem Hickhack die Nase voll hatte? Oder ist es in Wahrheit so, dass sie tatsächlich wegfuhr und später tatsächlich zurückkehrte, dass er aber dageblieben war und das Telefon läuten ließ, ohne abzunehmen? Oder ließ er sie vielleicht hinein und ging dann hinaus, um Bier zu holen, während sie drinnen wartete und zuhörte, wie das Telefon läutete? Letzteres ist am unwahrscheinlichsten. Ich glaube sowieso nicht, dass er überhaupt wegen des Biers weggefahren war.

Die Tatsache, dass er mir die ganze Zeit nicht die Wahrheit sagt, verunsichert mich hinsichtlich seiner Wahrhaftigkeit bei anderen Gelegenheiten, und dann versuche ich ganz für mich herauszufinden, ob das, was er sagt, die Wahrheit ist oder nicht, und manchmal kann ich mir ausrechnen, dass es nicht wahr ist, und manchmal weiß ich es nicht, jetzt nicht und auch später nicht, und manchmal bin ich, bloß, weil er es wieder und wieder sagt, davon überzeugt, dass es wahr ist, weil ich nicht glauben kann, dass er die gleiche Lüge so oft wiederholen würde. Vielleicht spielt die Wahrheit keine Rolle, aber ich möchte es wissen, und sei's auch nur, damit ich Schlüsse aus solchen Fragen ziehen kann, wie: Ist er wütend auf mich oder nicht; und, wenn ja, wie wütend; liebt er sie immer noch oder nicht; und, wenn ja, wie sehr; liebt er mich oder nicht; wie sehr; ist er fähig, mich zu betrügen, auf frischer Tat, und nach der Tat im Drüber-Reden.

Die Ängste von Mrs. Orlando

Die Welt von Mrs. Orlando ist finster. Sie weiß, von wo in ihrem Haus Gefahren drohen: vom Gasherd, von den steilen Stufen, von der rutschigen Badewanne und den schadhaften elektrischen Leitungen. Von manchem, von dem außerhalb ihres Hauses Gefahren drohen, weiß sie, wenn auch nicht von allem, und ihre Unwissenheit macht ihr Angst, und so ist sie ganz versessen auf Informationen über Verbrechen und Katastrophen.

Und auch wenn sie sämtliche Vorsichtsmaßnahmen ergreift, so wird doch keine Vorsichtsmaßnahme ausreichen. Sie versucht gegen plötzlichen Hunger gewappnet zu sein, gegen Kälte, gegen Langeweile und gegen heftige Blutungen. Sie geht nie ohne Verbandszeug, eine Sicherheitsnadel und ein Messer aus dem Haus. In ihrem Auto hat sie, unter anderem, ein Stück Seil und eine Trillerpfeife und obendrein, als Lesestoff, eine Sozialgeschichte Englands, für den Fall, dass sie auf ihre Töchter wartet, deren Shoppen oft eine lange Zeit dauern.

Im Allgemeinen lässt sie sich gerne von Männern begleiten: Sowohl dank ihrer Körpergröße als auch ihrem rationalen Blick auf die Welt bieten sie ihr Schutz. Sie bewundert Klugheit und schätzt Männer, die im Voraus einen Tisch reservieren, und auch solche, die zögern, bevor sie eine ihrer Fragen beantworten. Sie engagiert gerne Rechtsanwälte und fühlt sich sehr wohl im Gespräch mit Rechtsanwälten, weil jedes ihrer Worte durch das Gesetz verbrieft ist. Sie bittet aber lieber ihre Töchter oder eine Freundin, mit ihr zum Einkaufen in die Stadt zu fahren, als das alleine zu erledigen.

In der Innenstadt hat sie ein Mann in einem Fahrstuhl überfallen. Es war spätabends, der Mann war ein Schwarzer, und sie kannte die Gegend nicht. Damals war sie jünger. Mehre Male wurde sie in einem überfüllten Bus belästigt. Einmal schüttete ihr ein aufgebrachter Kellner nach einem Wortwechsel in einem Restaurant Kaffee über die Hände.

Sie fürchtet, in der Stadt von der falschen U-Bahn unterirdisch ans falsche Ziel gebracht zu werden, aber sie weigert sich, Fremde aus einer unteren Gesellschaftsschicht nach der Richtung zu fragen. Sie geht an einer Menge Schwarzer vorbei, die alle möglichen Verbrechen planen. Jeder x-Beliebige könnte sie ausrauben, selbst eine andere Frau.

Zu Hause telefoniert sie stundenlang mit ihren Töchtern, und das Gesprächsthema ist jedes Mal die Vorahnung einer Katastrophe. Sie zeigt nicht gerne ihre Zufriedenheit, weil sie Angst hat, sie könnte damit eine Glückssträhne unterbrechen. Wenn ihr doch einmal herausrutscht, dass etwas gut laufe, dann senkt sie dabei ihre Stimme und klopft, nachdem sie es gesagt hat, auf ihr Telefontischchen. Ihre Töchter erzählen ihr sehr wenig, weil sie wissen, dass sie an dem, was sie erzählen, etwas Bedrohliches finden wird. Und wenn sie ihr so wenig erzählen, dann fürchtet sie, es sei etwas nicht in Ordnung bei ihnen – ob es nun um ihre Gesundheit oder ihre Ehe geht.

Eines Tages erzählt sie ihnen am Telefon eine Geschichte. Sie war alleine in der Stadt einkaufen. Sie lässt ihren Wagen stehen und geht in ein Stoffgeschäft. Sie sieht sich Stoffe an, kauft nichts, nimmt aber in ihrer Handtasche ein paar Stoffmuster mit. Auf dem Gehsteig sind eine Menge Schwarzer unterwegs, die sie nervös machen. Sie geht zu ihrem Wagen. Als sie ihre Schlüssel hervorholt, packt sie eine Hand unter dem Wagen am Knöchel. Ein Mann hat unter dem Wagen gelegen, und nun packt er sie mit seiner schwarzen Hand an ihrem bestrumpften Knöchel und befiehlt ihr mit einer vom Auto gedämpften Stimme, ihre Handtasche fallen zu lassen und wegzugehen. Sie tut es, obwohl sie sich kaum aufrecht halten kann. Sie wartet an der Mauer eines Gebäudes und lässt ihre Handtasche nicht aus den Augen, aber sie bewegt sich von der Bordsteinkante, auf der sie liegt, nicht weg. Ein paar Leute werfen ihr Blicke zu. Dann geht sie zum Wagen, kniet auf dem Gehsteig nieder und schaut darunter. Sie kann das Sonnenlicht auf der Straße dahinter sehen und am Unterboden ihres Wagens ein paar Rohre: keiner da. Sie hebt ihre Handtasche auf und fährt nach Hause.

Ihre Töchter nehmen ihr die Geschichte nicht ab. Sie fragen sie, weshalb ein Mann wohl etwas so Seltsames tun sollte, noch dazu am helllichten Tag. Sie weisen darauf hin, dass er nicht einfach so verschwunden sein und sich in Luft aufgelöst haben kann. Sie ist außer sich, dass sie ihr nicht glauben, und mag es nicht, wie sie von »helllichtem Tag« und »in Luft auflösen« reden.

Ein paar Tage nach der Knöchelattacke bringt sie ein zweiter Zwischenfall ganz durcheinander. Wie so oft ist sie in ihrem Wagen abends auf einen Parkplatz in Strandnähe gefahren, um bloß da zu sitzen und durch die Windschutzscheibe den Sonnenuntergang zu beobachten. An diesem Abend aber, als sie über den Strandweg hinweg aufs Wasser hinausschaut, sieht sie nicht das friedliche, verlassene Ufer, das sie sonst immer sieht, sondern ein kleines Menschenknäuel, das im Kreis um etwas herum steht, das offenbar im Sand liegt.

Sie ist sofort neugierig, neigt aber irgendwie dazu wegzufahren, ohne den Sonnenuntergang zu betrachten und ohne nachzusehen, was da im Sand liegt. Sie versucht sich auszumalen, was es sein könnte. Wahrscheinlich ist es irgendein Tier, weil die Leute nicht so lange etwas anstarren, es sei denn, es lebte soeben noch oder es lebt immer noch. Sie stellt sich einen großen Fisch vor. Er muss groß sein, weil ein kleiner Fisch nicht interessant ist, auch eine Qualle ist es nicht, weil auch diese klein ist. Sie stellt sich einen Delfin vor oder einen Hai. Es könnte aber auch eine Robbe sein. Höchstwahrscheinlich schon tot, aber sie könnte auch gerade verenden, und dieses Menschenknäuel könnte ihr gespannt dabei zusehen, wie sie verendet.

Jetzt muss auch Mrs. Orlando hingehen, um selbst nachzusehen. Sie nimmt ihre Handtasche und steigt aus dem Wagen, sperrt ihn hinter sich ab, steigt über eine niedrige Betonmauer und sinkt in den Sand. Sie tut sich schwer, als sie in ihren hochhackigen Schuhen und, die Beine weit gespreizt, langsam durch den Sand geht, und hält ihre harte, glänzende Handtasche dabei am Riemen fest, und diese schaukelt wild hin und her. Die Meeresbrise presst ihr das geblümte Kleid, dessen Saum fröhlich um ihre Knie wedelt, an die Oberschenkel, aber ihre steifen silberfarbenen Locken bewegen sich nicht, und während sie dahintorkelt, runzelt sie die Stirn.

Sie drängt sich zwischen den Leuten durch und schaut zu Boden. Was da auf dem Sand liegt, ist kein Fisch und keine Robbe, es ist ein junger Mann. Er liegt stocksteif da, die Füße eng beieinander, und die Arme seitlich neben dem Körper, und er ist tot. Irgendjemand hat ihn mit Zeitungspapier zugedeckt, aber die Brise hebt die Blätter hoch, und eins nach dem anderen rollt sich ein, schlittert über den Sand dahin, um sich in den Beinen der Umstehenden zu verfangen. Schließlich streckt ein dunkelhäutiger Mann, Mrs. Orlando hält ihn für einen Mexikaner, seinen Fuß vor und schiebt die letzte Zeitungsseite langsam weg, und jetzt haben alle freie Sicht auf den Toten. Er sieht gut aus und ist schlank, und seine Haut ist grau und beginnt sich an manchen Stellen gelb zu verfärben.

Mrs. Orlando kann gar nicht wegsehen. Sie blickt in die Runde und stellt fest, dass auch die anderen ganz gedankenverloren sind. Ein Fall von Ertrinken. Das ist ein Tod durch Ertrinken. Sogar Selbstmord könnte es sein.

Sie kämpft sich durch den Sand zurück. Zu Hause angekommen, ruft sie sofort ihre Töchter an und berichtet ihnen, was sie gesehen hat. Sie fängt damit an, dass sie am Strand einen toten Mann gesehen hat, einen Ertrunkenen, und dann fängt sie wieder von vorne an und erzählt mehr und mehr. Ihre Töchter fühlen sich nicht wohl dabei, weil sie sich jedes Mal, wenn sie die Geschichte erzählt, wieder so aufregt.

Während der nächsten Tage bleibt sie in ihrem Haus. Dann verlässt sie es plötzlich und geht zu einer Freundin. Sie erzählt dieser Freundin, dass sie einen obszönen Anruf erhalten habe, und verbringt die Nacht bei ihr. Als sie am nächsten Tag nach Hause zurückkehrt, ist sie überzeugt, dass jemand bei ihr eingebrochen hat, weil bestimmte Dinge fehlen. Später findet sie jedes einzelne Ding an einem ungewohnten Platz, aber sie wird das Gefühl nicht los, dass ein Eindringling da war.

Sie sitzt in ihrem Haus und fürchtet sich vor Eindringlingen und hält Ausschau, ob etwas vielleicht falsch läuft. Während sie da sitzt, hört sie, besonders bei Nacht, ganz oft eigentümliche Geräusche, dass sie sicher ist, dass unter ihren Fenstersimsen Herumtreiber umherschleichen. Dann muss sie hinaus und ihr Haus von außen in Augenschein nehmen. Sie streift in der Dunkelheit ums Haus und erwischt keine Herumtreiber und geht wieder hinein. Aber nachdem sie eine halbe Stunde da gesessen hat, hat sie das Gefühl, dass sie wieder hinausgehen und ihr Haus von draußen kontrollieren muss.

Sie geht hinein und hinaus, und auch am nächsten Tag geht sie hinein und hinaus. Dann bleibt sie im Haus und telefoniert nur noch, dabei lässt sie die Türen und Fenster nicht aus den

Augen und ist von seltsamen Schatten beunruhigt, und eine Zeit lang danach will sie überhaupt nicht mehr aus dem Haus gehen, es sei denn früh am Morgen, um den Boden nach Fußspuren zu untersuchen.

An der Schwelle: Der kleine Mann

Während sie dalag und zu schlafen versuchte und ein wenig Licht von der Straße durch den Vorhang fiel, plante sie dieses und jenes und erinnerte dieses und jenes und horchte manchmal bloß den Geräuschen nach und schaute ins Licht und ins Dunkel. Sie dachte darüber nach, wie sich ihre Augen öffneten und schlossen: dass ihre Lider sich hoben, um eine Szene in ihrer ganzen Tiefe, ihrem Licht und Dunkel zu enthüllen, die die ganze Zeit da gewesen war, von ihr nicht gesehen, und die ihr nichts bedeutete, da sie sie nicht sah, und wie sie sich dann wieder schlossen und die ganze Szene wieder ungesehen machten, und wie sie sie jederzeit auf- und damit sichtbar machen und jederzeit zumachen und verbergen konnte, obwohl sie oft, wenn sie mit geschlossenen Augen schlaflos dalag, während ihre Gedanken dahinrasten, so überwach war, dass ihr schien, als starrten ihre Augen hinter den geschlossenen Lidern weit offen, irre, glasig, starrten hinaus, und sei's auch nur auf die dunkle Innenseite der geschlossenen Lider.

Ihr Sohn kam und legte drei große, graue Muschelschalen auf ihren Oberschenkel, und der Gast, der neben ihr auf einem anderen harten Stuhl saß, griff hinüber, um die mittlere in die Hand zu nehmen und anzuschauen – eine ovale Kaurimuschel mit weißen Rändern.

Der Augenblick, in dem eine Grenze erreicht ist, wenn nichts da ist als das Dunkel vor einem: dann kommt etwas zur Hilfe, das nicht real ist. In einem anderen Sinne ist all das wie Irrsinn: Ein Irrer, dem durch nichts aus seinen Schwierigkeiten geholfen wird, beginnt dem zu vertrauen, was nicht real ist, weil es ihm hilft, und er braucht es, weil ihm Reales nicht weiterhelfen kann.

Ihr Sohn lässt auf der Terrasse draußen einen Ziegelstein wieder und wieder auf ein Plastikgewehr fallen, sodass es in scharfkantige Stücke zerbricht. In einem Zimmer hinter einer geschlossenen Tür läuft der Fernseher. Eine andere Frau kommt mit nassen Haaren und einem rundum gewickelten Handtuch heraus und fährt ihn plötzlich an: Das ist Mist, hör auf damit. Ihr Sohn steht da und hält mit angsterfülltem Gesicht den Ziegel in der Hand. Sie sagt, ich fing gerade zu meditieren an und ich dachte, das Haus bricht zusammen. Die roten Plastikstücke glitzern auf dem gestrichenen Lehmboden um seine Füße.

Wie es funktioniert: Manchmal ist ein Gedanke da und der wird zu einem Traum (sie konstruiert einen langen Satz, und dann findet sie sich in der Vierzehnten Straße wieder und konstruiert eine lange Strecke aus schwarzen Bordsteinen) und der Kopf sagt: Moment mal, das stimmt nicht, du fängst an zu träumen, und sie erwacht, um über das Denken nachzudenken und über das Träumen. Manchmal ist sie lange wach gelegen und dann fällt der Schlaf endlich schlagartig über sie herein und entspannt augenblicklich jeden einzelnen Körperteil auf einmal; und ihr Kopf nimmt das wahr und erwacht, weil er wissen will, wie der Schlaf so plötzlich daherkommt. Manchmal hört ihr Kopf erst gar nicht zu arbeiten auf, und das geht Stunden um Stunden so, und sie steht auf, um sich etwas Warmes zu trinken zu machen, und dann ist's nicht das warme

Getränk, das hilft, sondern die Tatsache, dass sie etwas getan hat. Manchmal kommt der Schlaf leicht über sie, aber sofort (sie hat vielleicht zehn Minuten geschlafen oder so) weckt sie wieder ein lautes Geräusch oder ein sanftes, aber abstoßendes Geräusch, und ihr Herz rast. Zunächst ist nur ein undefinierbarer Zorn da, dann fängt ihr Kopf wieder zu arbeiten an.

Husten, ihr Kopf auf den drei Kissen, neben ihr warmer Tee; oder, an einem anderen Abend, ein schlaffer, schmelzender Lappen aus feuchtem Kleenex quer über der Stirn.

Sie schlief neben ihrem Sohn am Strand; sie lagen parallel zur Wasserlinie. Das Wasser schwappte in Bahnen über den Sand und floss zurück. Leute bewegten sich hin und her, bezogen in der Nähe Posten, gingen vorüber, und der Lärm des Ozeans führte so viel Schweigen mit sich, dass die beiden friedlich schliefen, auf dem Gesicht des Jungen die untergehende Sonne, auf seinem Nacken Sandkörner, und eine Ameise lief über seine Wange (er erschauerte, seine Hand öffnete und schloss sich dann wieder), ihre Wange lag in dem weichen, silbergrauen Sand, ihre Brille und ihr Hut auf dem Sand.

Danach kam der langsame Heimweg den Hügel hinauf, und später gingen sie in eine dämmrige Bar zum Dinner (ihr Sohn, der sich, fast schon eingeschlafen, über das polierte Holz beugte) und wegen der Finsternis und dem Gedränge und dem Lärm, diesem Lärm, so höllisch, dass es ihnen schien, sie würden mit ihrem Essen etwas von all dem Lärm und der Dunkelheit mitschlucken, war sie benommen und durcheinander, als sie ins Licht und in die Stille der Straße hinaustraten.

Sie liegt in der Dunkelheit, und macht ein paar komplizierte Körperdrehungen, um den Einschlafpunkt zu finden. Einzuschlafen ist immer schwierig. Selbst in Nächten, nach denen sich später herausstellt, dass es nicht schwierig war, erwartet sie, dass es schwierig sein wird, und stellt sich drauf ein, sodass es vielleicht ebenso gut schwierig hätte sein können.

In jener lange zurückliegenden Nacht gab es nichts mehr zu tun. Sie lag in einem Zimmer und weinte. Sie lag auf der linken Seite, ihre Augen zum dunklen Fenster gerichtet. Sie war acht oder neun oder so. Ihre linke Wange auf einem alten weichen Kissenbezug, der ein kleines, altes Kissen umhüllte, in dem noch immer der Geruch von alten Leuten hing. Neben ihr, vielleicht auch von oben an sie gedrückt, unter ihrem rechten Arm ihr ausgestopfter Elefant, der weiche Stoff abgewetzt, der Rüssel in die eine oder andere Richtung zerknautscht. Oder, was wahrscheinlicher schien heute Nacht, Kissen zur Seite geschubst, Elefant zur Seite geschubst, vielleicht liegt sie schon eine Weile auf ihrer rechten Wange und starrt zu dem Licht hin, das unter der Tür entlang läuft und auf ihren Dielenbrettern schimmert, und taucht eine Hand in den Luftzug, der über den Fußboden streicht; es ist eine Nacht des Hoffens gewesen, dass die Tür wieder aufgeht, dass es irgendwo Einlenken gibt und das Licht aus dem Vorraum hereinfließt, weiß, und dass vor dem Hintergrund des weißen Lichts, schwarz, eine Gestalt eintritt. Wenn die Mutter nachts weggegangen ist, dann ist sie sehr weit weggegangen, wenn auch bloß auf die andere Seite der Tür, und wenn sie die Tür aufmacht und hereinkommt, kommt sie direkt zum Kind und baut sich hoch über dem Kind auf, eine Gesichtshälfte im Licht. Aber heute Nacht hat das Kind nicht auf die Tür geachtet, es hat sein Gesicht dem dunklen Fenster zugekehrt und angefangen, hoffnungslos zu weinen. Jemand ist böse; sie hat etwas Nichtwiedergutzumachendes getan, wofür's heute Nacht kein Verzeihen gibt. Niemand wird hereinkommen, und sie kann nicht hinausgehen. Die Endgültigkeit des Ganzen versetzt sie in Schrecken. Es ist ein Gefühl, ganz verwandt dem Gefühl, dass sie daran sterben wird. Und dann kommt er herein, beinahe aus selbst gefasstem Entschluss, auch wenn er nicht real ist, sie hat ihn erfunden, er kommt zum ersten Mal herein und steht da, über ihrer rechten Schulter, klein, zart, zurückhaltend, etwas, das gekommen ist, um ihr zu sagen, dass alles mit ihr in Ordnung kommen wird, das an der Schwelle entstehen konnte, in dem Augenblick, da nichts zu erwarten war als Dunkelheit.

Sie überlegte, ob es die unerledigte Angelegenheit war. Deshalb konnte sie nicht schlafen. Sie konnte nicht sagen, der Tag sei abgehakt. Sie hatte nicht das Gefühl, irgendein Tag sei jemals abgehakt. Alles befand sich immerzu im Fluss. Die Angelegenheit ist nicht nur nicht abgehakt, sondern vielleicht auch nicht gut genug erledigt.

Draußen sang eine Spottdrossel, variierte ihren Gesang mehrmals, jede Viertelminute oder so, so als wollte sie Teile davon ausprobieren. Sie hörte sie Nacht für Nacht, wurde aber nicht Nacht für Nacht, sondern nur dann und wann an den Gesang einer Nachtigall erinnert, die ebenfalls in der Dunkelheit singt.

Die Spottdrossel sang, und dahinter war der Klang des Meeres zu hören, manchmal ein gleichförmiges Summen, manchmal ein heftiges Klatschen, wenn eine größere Welle auf dem Sand in sich zusammenfiel, nicht jede Nacht, aber bei Flut und wenn sie in der Dunkelheit wach lag. Sie dachte, wenn es eine Möglichkeit gab, sich so etwas wie eine Art Frieden aufzuzwingen, dann würde sie schlafen, und sie versuchte, diesen Frieden in sich aufkommen zu lassen, als wäre er eine Art Flüssigkeit, und das funktionierte, wenn auch nicht lange. Wenn der Friede sie zu erfüllen anfing, schien er aus ihrer Wirbelsäule zu kommen, aus dem unteren Teil ihrer Wirbelsäule. Aber er wollte nicht in ihr bleiben, es sei denn, sie konnte ihn in sich festhalten, und das gelang ihr nicht lange.

Dann sagt sie zu sich: Wo gibt es in dieser Angelegenheit Hilfe? Und zu ihrer Überraschung kehrt die Gestalt wieder und stellt sich über ihrer rechten Schulter hin; er ist nicht mehr so klein, nicht mehr so unförmig, nicht mehr so zurückhaltend (inzwischen sind Jahre vergangen), aber voll eines düsteren Vertrauens; er könnte es ihr erklären, aber er tut's nicht, doch seine Gegenwart erklärt ihr, dass alles in Ordnung ist und dass sie gut ist, und dass sie ihr Bestes gegeben hat, auch wenn andere nicht so denken mochten – und auch diese anderen sind irgendwo in dem Haus, in einem Raum irgendwo unten in der Diele, wo sie dicht an dicht stehen, in einer oder in zwei Reihen, mit stolzen, weißen und wütenden Gesichtern.

Es ist, wie's ist

Er sitzt da und starrt auf das Stück Papier vor ihm. Er versucht einen Kassensturz zu machen. Er sagt:

Ich mache jetzt einen radikalen Kassensturz. Das Ticket hat $ 600 gekostet und dazu kamen später noch Kosten für Hotel und Essen und so weiter, für gerade mal zehn Tage. Sagen wir $ 80 pro Tag, nein, mehr, eher schon $ 100 pro Tag. Und geliebt haben wir uns im Durchschnitt, sagen wir, einmal pro Tag. Das macht $ 100 für einmal Abspritzen. Und jedes Mal hat es vielleicht zwei, drei Stunden gedauert, das heißt, es würde sich auf irgendwas zwischen $ 33 und $ 50 die Stunde zusammenläppern, und das ist teuer.

Obwohl – das war natürlich nicht alles, was da lief, weil wir fast den ganzen Tag zusammen waren. Sie sah mich in einem fort an, und jedes Mal, wenn sie mich ansah, dann hatte das seinen Wert, und sie lächelte mich an und hörte nicht auf zu reden und zu singen, und wenn ich was sagte, zog sie gleich sämtliche Segel auf, ein Happen für mich, und sie hielt dann ein paar Schritte Abstand von mir, lächelte aber dabei und erzählte mir Witze, und mir gefiel das, aber ich wusste nicht recht, wie ich damit umgehen sollte, und lächelte bloß zurück und kam mir neben ihr begriffsstutzig vor, kapierte einfach nicht schnell genug. Und sie redete und berührte mich dabei an der Schulter und am Arm, in einem fort berührte sie mich und blieb immer in meiner Nähe. Wenn du den ganzen Tag mit jemand zusammen bist und es passiert immer wieder, diese Berührungen und dieses Lächeln, und das häuft sich an und baut sich auf, und du weißt, wo du heute Nacht landen wirst, du redest, und immer mal wieder denkst du daran, nein, du denkst nicht, du hast das Gefühl, als wäre es eine Art Schicksal, was passieren wird, wenn du weggehst von da, wo du den ganzen Abend verbringst, egal wo, und das macht dich glücklich, und du planst alles genau, aber nicht im Kopf, nicht wirklich da, sondern irgendwo im Innern des Körpers oder von oben nach unten, es wächst und wächst und staut sich auf, sodass du es, wenn du ins Bett steigst, nicht mehr aushältst, eine richtige Performance, ein Auftritt, alles strömt aus dir raus, aber schön langsam, du hältst an dich, bis du nicht mehr kannst, oder du hältst dich die ganze Zeit zurück, hältst dich zurück und fasst alles an, machst herum, bis du nicht mehr an dich halten kannst und ihn ganz tief hineinstecken musst und ein Ende machen musst, und wenn du fertig bist, bist du zu schwach, um aufrecht zu stehen, aber nach einer Weile musst du aufs Klo, und dann stehst du da, deine Beine zittern, du hältst dich am Türrahmen fest, durchs Fenster fällt ein wenig Licht, du findest den Weg hinein und heraus, aber das Bett kannst du nicht wirklich erkennen.

Also ist es in Summe nicht wirklich $ 100 für einmal Abspritzen, weil es den ganzen Tag so geht, von Anfang an, wenn du aufwachst und ihren Körper neben dir spürst, und es dir an nichts fehlt, nicht etwas, alles da, neben dir, ihr Arm, ihr Bein, ihre Schulter, ihr Gesicht, die gute Haut, ich habe schon andere Male gute Haut gespürt, diese Haut aber ist schlichtweg die Grenze zu etwas anderem, und jetzt wirst du gleich loslegen, und egal, wie wild ihr übereinander herfallt, es wird einfach nicht genug sein, und wenn dein Hunger ein wenig nachlässt, dann denkst du daran, wie sehr du sie liebst, und das bringt dich wieder in Fahrt, und ihr Gesicht, du blickst zu ihrem Gesicht rüber und kannst es einfach nicht fassen, wie du hier gelandet bist und was für ein Glückspilz du doch bist, und alles ist immer noch eine Überraschung und hört niemals auf, selbst wenn es vorüber ist, hört es nie auf, eine Überraschung zu sein.

Für dich ist das eher so, als ginge das gute sechzehn oder achtzehn Stunden am Tag so weiter, und selbst wenn du nicht mit ihr zusammen bist, geht das so weiter, und es ist gut, weg zu sein, weil's so guttun wird, wieder bei ihr zu sein, also ist es immerzu da, und du kannst nicht einfach losgehen und dir irgendeine alte Straße anschauen oder ein altes Bild, ohne dass du es weiter in deinem Körper spürst, und ein paar Vorfälle von gestern, die an und für sich nicht viel bedeuten oder nicht viel bedeuten würden, wenn ihr nicht dieses Gemeinsame miteinander teilen würdet, aber du kannst einfach nicht vergessen, und es ist alles in dir, die ganze Zeit, sodass es eher hundert durch sechzehn macht, das wären $ 6 die Stunde, und das ist nicht zu viel.

Und wenn du schläfst, geht das dann tatsächlich immer weiter so, obwohl du vielleicht von etwas ganz anderem träumst, von einem Haus vielleicht, Nacht für Nacht hab ich von dem Haus geträumt, beinahe Nacht für Nacht, weil ich jeden Morgen eine Menge Zeit in diesem alten Steinhaus zugebracht habe, und wenn ich die Augen schloss, dann sah ich diese kühlen Räume und spürte diesen Frieden in mir, dann sah ich die Ziegelsteine auf dem Fußboden und die steinernen Gewölbe und den offenen Raum, die Leere dazwischen wie eine Art dunkler Rahmen, hinter den ich schauen konnte, einen Garten, und auch dieser Raum war wie aus Stein, wegen seiner Kühle und dem grauen Schatten, dieser Art lichten Schattens, der im Widerschein des Sonnenlichts aufglühte, das hinter den Gewölben herabsank, und dazu die große Höhe der Decke, all das hatte ich die ganze Zeit im Kopf, obwohl ich mir dessen nicht bewusst war, bis ich die Augen schloss, und ich schlafe und ich träume nicht von ihr, aber sie liegt neben mir, und ich wache mehrmals in der Nacht auf und erinnere mich, dass sie da ist, und merke, dass sie einmal erst auf dem Rücken lag, mich dann aber umschlungen hat, und ich schaue ihre geschlossenen Augen an, ich will ihre Lider küssen, ich will diese zarte Haut unter meinen Lippen spüren, will sie aber nicht stören, ich möchte nicht sehen, wie sie ihre Stirn runzelt, als hätte sie im Schlaf vergessen, wer ich bin, dass sie bloß spürt, dass sie irgendwas stört, und so schaue ich sie bloß an und ich halte an alledem fest, diese Gelegenheiten, zu denen ich über ihren Schlaf wache und sie neben mir ist und nicht weg von mir, so wie es später sein wird, die ganze Nacht möchte ich wach bleiben, bloß um das weiterhin zu spüren, aber ich kann nicht, ich schlafe wieder ein, wenngleich mein Schlaf leicht ist und ich mich noch immer daran festzuhalten versuche.

Aber es ist nicht vorüber, wenn's zu Ende ist, es geht weiter, wenn alles vorüber ist, sie ist immer noch in dir drin, wie süßer Likör, sie füllt dich aus, alles an ihr ist wie Blut in dich hineingesickert, ihr Geruch, ihre Stimme, die Art, wie sich ihr Körper bewegt, es ist alles in dir drin, zumindest eine Zeit lang noch, dann fängst du an, es zu verlieren, und ich fange an, es zu verlieren, du hast Angst vor deiner eigenen Schwäche, dass du sie nicht wieder ganz in dich hineinholen kannst, und nun verlässt das Ganze deinen Körper, und es ist mehr in deinem Kopf als in deinem Körper, die Bilder stellen sich bei dir ein, eins nach dem anderen, und du siehst sie dir an, und manche von ihnen halten sich länger als andere, ihr wart in irgendeinem schneeweißen, blitzsauberen Lokal zusammen, in einem Café, habt gemeinsam gefrühstückt, und das Lokal ist so weiß, dass du sie vor diesem Hintergrund deutlich ausmachen kannst, ihre blauen Augen, ihr Lächeln, die Farben ihrer Kleider, selbst die Buchstaben in der Zeitung, die sie liest, wenn sie nicht zu dir aufsieht, das helle Braun und Rot und Gold ihrer Haare, wenn sie ihren Kopf zum Lesen neigt, der braune Kaffee, die braunen Brötchen, alles vor dem Hintergrund des weißen Tisches und dieses weißen Geschirrs und der silbernen Kannen und der Silbermesser und -löffel und im Kontrast zur lautlosen Stille der schläfrigen, in dem Raum allein an ihren Tischen sitzenden und nur dann und wann mit den Löffeln oder Tassen gegen die Untertassen klimpernden und klappernden Leute und dazu gedämpftes Reden und nun ihre Stimme, einmal lauter, dann wieder leiser. Die Bilder tauchen vor dir auf, und du kannst nur hoffen, dass sie nicht zu rasch ihre Lebendigkeit einbüßen und versiegen, obwohl du weißt, dass es so kommen wird und dass du auch manches von dem, was geschehen ist, vergessen wirst, denn du suchst jetzt schon Kleinigkeiten zusammen, die du beinahe vergessen hast.

Wir waren im Bett und sie fragte mich: Komm ich dir fett vor?, und ich war verwundert, denn sie schien sich über dergleichen keine Gedanken zu machen, und vermutlich unterstellte ich ihr dabei, sie würde sich tatsächlich deswegen Sorgen machen, also antwortete ich, was ich dachte, und sagte einfältig, sie habe einen sehr schönen Körper, ihr Körper sei makellos, und ich meinte das tatsächlich so, aber sie gab beinahe scharf zurück: Das habe ich nicht gefragt, und so musste ich es von Neuem versuchen und eine Antwort auf genau das geben, wonach sie gefragt hatte.

Und einmal lag sie mir spätnachts gegenüber und fing an zu reden, ihr Atem an meinem Ohr, und sie redete in einem fort und immer schneller und schneller, sie konnte nicht aufhören, und ich liebte das, ich hatte schlichtweg das Gefühl, dass das ganze Leben, das in ihr war, auch in mich herüberströmen würde, ich hatte in mir so wenig Leben, und ihr Leben, ihr Feuer drang durch mein Ohr in mich hinein, mit diesem heißen Atem, und ich wünschte bloß, sie würde für immer weiter reden, direkt neben mir, und ich würde so weiterleben, ich würde weiterleben können, aber wie das ohne sie gehen sollte, das wusste ich nicht.

Dann vergisst du etwas davon, vielleicht sogar das Meiste, letztlich beinahe alles, und du plagst dich ab, dich jetzt an alles zu erinnern, damit du es in Zukunft nie mehr vergisst, aber du kannst es auch kaputt machen, sogar wenn du zu viel darüber nachdenkst, aber es hilft nichts, du musst fast in einem fort darüber nachdenken.

Aber dann, wenn es mit den Bildern wieder losgeht, dann legst auch du mit ein paar Fragen los, bloß so kleine Fragen, die sich unbeantwortet in deinem Kopf festgesetzt haben, wie zum Beispiel, warum sie einmal das Licht an hatte, als du eines Nachts zu Bett gingst, und warum es in der nächsten dann aus war, aber in der Nacht danach hatte sie's an, und gestern Nacht hatte sie's ausgeschaltet, weshalb, und weitere Fragen, kleine Fragen, die dir einfach nicht aus dem Sinn gehen wollen.

Und schließlich verschwinden die Bilder wieder, und diese drögen, kleinen Fragen haben sich unbeantwortet in dir festgesetzt, und dir bleibt dieser große, heftige Schmerz, den du durch Lesen zu betäuben oder abzumildern versuchst, indem du hinausgehst auf überlaufene Plätze, unter die Menschen, aber egal, wie gut du drauf bist, wenn's darum geht, diesen Schmerz zu vertreiben – gerade dann, wenn du denkst, du wirst dich für eine Weile wieder fangen, und denkst, dass du in Sicherheit bist, wenn du dir diesen Schmerz mit aller Anstrengung vom Leib hältst und auf einem kleinen, nackten Flecken Erde Fuß gefasst hast, dann kommt plötzlich wieder alles hoch, du hörst ein Geräusch, vielleicht der Schrei einer Katze oder eines Babys oder von irgendwas anderem, das wie ein Schrei von ihr klingt, du hörst es und stellst eine Verbindung her, in einem Teil von dir, über den du keine Kontrolle hast, und der Schmerz kehrt so heftig wieder, dass du Angst hast, Angst davor, dass du wieder hineinschlitterst, und du fragst dich, nein, es packt dich das schiere Entsetzen, wenn du dich fragst, wie du jemals wieder da rauskommen sollst.

Also ist es nicht bloß jede Stunde des Tages, zu der es passiert, in Wahrheit geht es auch danach jeden Tag Stunden um Stunden so weiter, Wochen um Wochen, wenn auch immer weniger und weniger stark, sodass du den Prozentsatz ausrechnen könntest, wenn dir danach wäre, und nach sechs Wochen denkst du, alles in allem, vielleicht nur noch eine Stunde am Tag daran oder so, ein paar Minuten hier über den Tag verteilt und dann wieder ein paar Minuten da, oder jetzt ein paar Minuten und dann wieder ein paar und eine halbe Stunde vor dem Schlafengehen, und manchmal kommt es von Neuem über dich und hält dich die halbe Nacht wach.

Also hast du, wenn du all das zusammenzählst, vielleicht bloß $ 3 die Stunde dafür ausgegeben.

Ob du auch die schlechten Zeiten miteinrechnen musst, weiß ich nicht. Es hat keine schlechten Zeiten mit ihr gegeben, obwohl – einen schlechten Augenblick gab's vielleicht, als ich zu ihr sagte, dass ich sie liebe. Ich konnte nicht anders; es war das erste Mal, dass mir das mit ihr passierte, nun war ich halbwegs in sie verliebt oder vielleicht ganz und gar, wenn sie's nur zugelassen hätte, aber sie schaffte es nicht, oder ich schaffte es nicht ganz, weil für alles nur so kurze Zeit bleiben würde und auch wegen anderem, also sagte ich es ihr und hatte keine Ahnung, wie ich ihr davor noch beibringen sollte, dass sie nicht das Gefühl zu haben brauchte, es sei eine Belastung, ich meine die Tatsache, dass ich sie liebte, oder dass sie meine

Gefühle nicht zu erwidern brauchte oder dass sie das Gleiche zu mir sagen sollte, sondern dass es einfach so war, dass ich es ihr sagen musste, das war alles, weil in mir drin etwas explodierte, und es auszusprechen, würde meinen Gefühlen nicht annähernd gerecht werden, ehrlich, es war für mich unmöglich, irgendetwas darüber zu sagen, was ich für sie empfand, weil es so viel war, und Worte konnten das nicht rüberbringen, und mit ihr zu schlafen machte es nur noch schlimmer, denn dann hätte ich mir Worte so sehr gewünscht, aber sie taugten nicht, überhaupt nicht, aber ich hab's ihr trotzdem gesagt, ich lag auf ihr, ihre Hände lagen gleich neben ihrem Kopf und meine Hände auf ihren und unsere Finger waren ineinander gehakt, und auf ihr Gesicht fiel ein wenig Licht vom Fenster, aber ich konnte sie nicht wirklich sehen, und ich hatte Angst, es ihr zu sagen, aber ich musste es sagen, weil ich wollte, dass sie es weiß, es war die letzte Nacht, und ich musste es jetzt sagen, oder ich hätte nie wieder eine Chance dazu, also sagte ich bloß: Bevor du einschläfst, muss ich dir sagen, dass ich dich liebe, und gleich darauf, direkt danach sagte sie, ich liebe dich auch, und für mich klang das so, als würde sie's nicht so meinen, ein wenig schal, aber andererseits klingt es ja meistens ein wenig schal, wenn Leute sagen, ich liebe dich auch, weil sie es ja bloß nachsprechen, selbst wenn sie es wirklich so meinen, und das Problem ist, dass ich nie wissen werde, ob sie es so gemeint hat, oder aber sie sagt mir eines Tages vielleicht, ob sie es so gemeint hat oder nicht, aber im Augenblick kann man's nicht wissen, und es tut mir leid, dass ich's getan hab, es war eine Falle, ich hatte nicht die Absicht, sie reinzulegen, für mich ist es ganz klar, dass es eine Falle war, denn hätte sie gar nichts gesagt, dann wär ich genauso verletzt gewesen, das weiß ich, so als hätte sie etwas von mir genommen und es bloß entgegengenommen und nichts dafür zurückgegeben, also musste sie es in Wahrheit tun, und sei's auch nur, um zu mir freundlich zu sein, musste sie es sagen, und jetzt weiß ich tatsächlich nicht, ob sie's so gemeint hat.

Eine andere schlimme Sache, das heißt, es war keine wirklich schlimme, aber auch keine harmlose Sache, war, als ich weggehen musste, der Augenblick rückte näher, und ich fing an zu zittern und mich leer zu fühlen, in meiner Mitte ein Loch mit nichts drin, und nichts da, das mich auf den Beinen gehalten hätte, und dann war es so weit, alles fix und fertig, und ich musste gehen, also gab's bloß einen Kuss, einen ganz schnellen, so als hätten wir Angst, was nach einem Kuss passieren könnte, und sie war geradezu außer sich, sie griff hinauf zu einem Haken neben der Tür und holte ein altes Hemd herunter, ein blau-grünes Hemd auf dem Haken, und legte es mir in die Arme, damit ich's mitnähme, der weiche Stoff war ganz durchdrungen von ihrem Duft, und dann standen wir dicht nebeneinander da und sahen auf ein Stück Papier, das sie in der Hand hielt, und ich ließ es nicht los, ich klammerte mich an ihm fest, in diesen letzten ein, zwei Minuten, denn das war's dann, wir hatten das Ende erreicht, die Dinge ändern sich immerzu, das war's dann auch wirklich – aus und vorbei.

Kann sein, dass es gut geht, kann sein, dass du nichts verloren hast, weil du's getan hast, ich kann's nicht sagen, nein, wirklich, manchmal, wenn du dran denkst, dann kommst du dir vor wie ein echter Prinz, du kommst dir vor wie der König selbst, und ein andermal hast du wieder Angst, du hast Angst, zwar nicht die ganze Zeit, aber dann und wann doch, was es mit dir anstellen wird, und man kann nicht sagen, was du jetzt damit anstellen sollst.

Im Weggehen sah ich noch einmal zurück, und die Tür stand immer noch offen, ich konnte sie weit hinten im Dunkel des Zimmers stehen sehen, das heißt, ihr weißes Gesicht, das zu mir heraussah, war das Einzige, was ich wirklich sehen konnte, und ihre weißen Arme.

Vermutlich kommt man an einen Punkt, an dem man diesem Schmerz ins Auge sehen kann, so als wäre er da vor dir, in drei Fuß Entfernung liegt er in einer Box, einer offenen Box, irgendwo in einem Fenster. Er ist hart und kalt, wie ein Stück Metall. Du siehst ihn dir bloß an und sagst: Also gut, ich nehm' ihn. Gekauft. Es ist, wie's ist. Weil – du weißt alles drüber, noch bevor du dich überhaupt auf sie einlässt. Du weißt, dass der Schmerz Teil dieser ganzen Geschichte ist. Und es ist nicht so, dass du hinterher sagen kannst, die Lust war größer als der Schmerz, und deshalb würdest du's wieder tun. Das hat nichts damit zu tun. Man kann es nicht messen, weil der Schmerz im Nachhinein kommt und länger anhält. Also lautet die Frage in Wahrheit: Warum rät dir der Schmerz nicht, zu sagen, noch einmal tu ich das nicht. Wenn der Schmerz so schlimm ist, dass du es sagen musst – und trotzdem nicht sagst.

Also denke ich bloß drüber nach und wie es möglich ist, dass du mit $ 600, mehr noch, mit $ 1000 ein- und mit einem alten Hemd aus der Geschichte aussteigst.

Mr. Burdoffs Besuch in Deutschland

Das Vorhaben

Um Deutsch zu lernen, ist Mr. Burdoff für ein Jahr in Köln bei einem kleinen Angestellten und seiner Familie untergebracht. Das Vorhaben ist schlecht durchdacht und steht unter einem schlechten Stern, denn er wird viel Zeit auf Selbstbeobachtung verschwenden und sehr wenig Deutsch lernen.

Die Situation

Mit großer Begeisterung berichtet er einem alten Schulfreund in Amerika von Deutschland, Köln, dem Haus, in dem er wohnt, und dem luftigen Zimmer mit seiner unübertrefflichen Aussicht über eine Baustelle hinweg bis zu den Bergen in der Ferne. Doch obwohl ihm seine Situation ungewohnt erscheint, handelt es sich in Wahrheit um etwas, das sich zum x-ten Mal und ohne spektakuläre Ergebnisse wiederholt. Seinem alten Schulfreund kommt das nur allzu vertraut vor: Das Haus voller Krimskrams, die neugierige Vermieterin, die tollpatschigen Töchter und die Einsamkeit in seinem Schlafzimmer. Der wohlmeinende Sprachlehrer, die unausgeschlafenen Studenten und die fremd anmutenden Straßen der Stadt.

Trägheit

Kaum hat sich Mr. Burdoff in etwas eingerichtet, das er als produktive Routine ansieht, schon verfällt er in einen Zustand von Trägheit. Er kann sich nicht konzentrieren. Er ist zu nervös, um seine Zigaretten wegzulegen, und doch bereitet ihm das Rauchen Kopfschmerzen. Er versteht die Wörter aus seinem Grammatikbuch nicht und empfindet kaum Genugtuung, wenn es ihm mittels einer Riesenanstrengung gelingt, eine Konstruktion zu verstehen.

Leberknödel

Mr. Burdoff ertappt sich dabei, wie er ans Mittagessen denkt, lange bevor es für den Gang ins Esszimmer hinunter an der Zeit ist. Er sitzt an seinem Fenster und raucht. Er kann schon die Suppe riechen. Auf dem Esszimmertisch wird ein Spitzentuch liegen, aber noch ist er nicht fürs Mittagessen gedeckt.

Mr. Burdoff blickt hinaus auf die Baustelle an der Rückseite des Wohnheims. In einer Vertiefung in der bloßen Erde beugen und strecken und drehen sich drei Kräne von einer Seite zur anderen. Weit unten stehen reglos Gruppen winziger Arbeiter, die Hände in den Taschen.

Die Suppe wird dünn und klar sein, Leberknödel werden darin schwimmen, auf ihrer Oberfläche Fettaugen und unter den Kringeln aus aufsteigendem Dampf gehackte Petersilie. In der Regel gibt es nach der Suppe ein dünnes Kalbskotelett und nach dem Kotelett ein Stück Feingebäck. Jetzt wird der Teig im Ofen aufgebacken und steigt Mr. Burdoff in die Nase. Die Geräusche, die er ständig gehört hat, die vielen verschiedenen schweren Motoren der Kräne und Planierraupen, die sich da unten drehen und mahlen, werden durch das Geräusch des Staubsaugers auf dem Flur vor seiner Tür gedämpft. Dann zieht der Staubsauger in einen anderen Teil des Hauses. Zur Mittagsstunde verstummen die Maschinen unten, und einen Augenblick später hört Mr. Burdoff in der plötzlich eintretenden Stille die Stimme seiner Vermieterin, das Quietschen der Dielenbretter im Flur im unteren Geschoss und dann das feierliche Klappern des Bestecks. Dies sind die Geräusche, auf die er schon gewartet hat, und er verlässt sein Zimmer, um zum Mittagessen hinunterzugehen.

Der Sprachkurs

Sein Sprachlehrer ist sympathisch und lustig, und jeder Kursteilnehmer hat seinen Spaß. Mr. Burdoff ist erleichtert, als er bemerkt, dass er nicht der Langsamste seines Kurses ist, obwohl seine Auffassungsgabe beschränkt ist. Viele Übungen werden im Sprechchor gedrillt, und er stimmt gerne mit ein. Die kleinen Geschichten, die die Kursteilnehmer so mühevoll einüben, gefallen ihm – zum Beispiel die Geschichte von Karl und Helga, die eine Besichtigungstour machen, die mit einer kleinen Überraschung endet, was die Studenten mit lautem Gelächter quittieren.

Zögerlichkeit

Mr. Burdoff sitzt neben einer kleingewachsenen Hawaiianerin und betrachtet ihre tiefroten Lippen, als sie unter Höllenqualen über ihre Reisen durch Frankreich erzählt. Die Zögerlichkeit, mit der die Kursteilnehmer zu sprechen versuchen, ist entzückend; etwas erfrischend Unschuldiges umgibt sie, wenn sie ihre Schwächen offen zeigen.

Mr. Burdoff verliebt sich

Nun fühlt sich Mr. Burdoff immer mehr zu der Hawaiianerin hingezogen, die sich auf einen Platz direkt vor ihm gesetzt hat. Während jeder Übungsstunde starrt er ihren gelackten schwarzen Pferdeschwanz an, ihre schmalen Schultern und das untere Ende ihres Hinterns, der sich, nur ein paar Zentimeter vor seinen Knien, anmutig durch die Öffnung an der Rückenlehne ihres Stuhles schiebt. Er lechzt nach einem Blick auf ihre hübsch übereinandergeschlagenen Beine, auf ihre Ballerinas, die, wenn sie mit der Beantwortung einer Frage kämpft, auf und nieder wippen, und auf ihre schlanke Hand, die beim Schreiben immer wieder über die Seite wandert und über sie hinaus und sich gleich wieder dem Blick entzieht.

Er ist entzückt von den Farben, die sie trägt, und von den Dingen, die sie bei sich hat. Nacht für Nacht liegt er wach und träumt davon, ihr aus einer schwierigen Lage herauszuhelfen. Es ist immer der gleiche Traum, und immer bricht er kurz vor dem ersten Kuss ab.

Seine Liebe ist allerdings zerbrechlicher, als ihm bewusst ist, und sie erlischt in dem Augenblick, als eines Tages eine große und üppige Norwegerin neu zum Kurs hinzustößt.

Helens Erscheinen

Als sie die Klasse betritt und ihre Hüften rund um die Ansammlung stummer Studenten schwingt, erscheint sie Mr.

Burdoff als großartig und schwerfällig zugleich. Kaum hat sie ihre Hüfte eingezogen, um an der einen Seite Platz für die Armlehne eines der Schreibstühle zu schaffen, schon bringt ihr Hängebusen den Dutt einer wütenden Frau aus Aix an der anderen Seite aus dem Lot. Die Studenten unternehmen alles Mögliche, um von ihr wegzurücken, aber je drei ihrer Stühle sind so miteinander verschraubt, dass es ihnen nicht gelingt, ihre Bemühungen aufeinander abzustimmen. Helens Hals und Wangen zeigen einen leisen Anflug von Röte.

Zu Mr. Burdoffs Freude drängt sie sich an seinen Knien vorbei und setzt sich auf den leeren Stuhl neben ihm. Sie lächelt ihn und die ganze Klasse um Entschuldigung bittend an. Ein Gemisch aus warmen Düften steigt aus ihren Achseln, ihrer Kehle und ihrem Haar auf, und sofort hat Mr. Burdoff Kongruenzen, Flexionen und Modi vergessen, blickt zum Lehrer hoch und sieht nichts als Helens weiße Wimpern.

Mr. Burdoff entführt Helen hinter eine Statue

Helen erliegt Mr. Burdoff bei ihrem allerersten Date, nachdem sie einen Abend lang im nassen Gras hinter einer Statue von Leopold Mozart miteinander gerangelt hatten. Wenn es für Mr. Burdoff zunächst noch kein Problem ist, Helen in den Park zu begleiten, so bereitet es ihm größere Schwierigkeiten, das klamme Mieder über ihre Taille hinaufzurollen und sie, nachdem alles Hochziehen und Grunzen vorüber ist, davon zu überzeugen, dass sie weder von einer Autoritätsperson noch von einer ihrer nahen Freundinnen gesehen wurde. Nachdem sie diesbezüglich erleichtert ist, bleibt noch ihre Frage an Mr. Burdoff: Respektiert er sie noch?

Mr. Burdoff während des Tannhäuser

Sehr gegen seinen eigenen Willen, aber aus Liebe zu Helen, erklärt sich Mr. Burdoff bereit, im Opernhaus von Köln eine Wagner-Oper zu besuchen. Während des ersten Aktes ringt der an die Klarheit des achtzehnten Jahrhunderts gewöhnte Mr. Burdoff nach Luft und fürchtet, auf seinem harten Sitz in den oberen Rängen des Zuschauerraums ohnmächtig zu werden. Geschult an den strengen Sequenzen von Scarlatti, kann er in dieser Musik keine Entwicklung erkennen. An einem Punkt, den er für willkürlich hält, ist der Akt zu Ende.

Als das Licht wieder an ist, studiert Mr. Burdoff Helens Gesicht. Ein Lächeln spielt um ihre Lippen, ihre Stirn und Wangen sind feucht und ihre Augen glühen schwelgerisch, als hätte sie ein üppiges Mahl verzehrt. Mr. Burdoff seinerseits überkommt Schwermut.

Bis zum Ende der Aufführung wandern Mr. Burdoffs Gedanken. Er versucht die Kapazität an Sitzplätzen des Zuschauerraums einzuschätzen, dann wieder studiert er die dämmrigen Fresken unten am Kuppelgewölbe. Von Zeit zu Zeit wirft er einen Blick auf Helens kräftige Hand auf der Armlehne ihres Sitzes, aber er wagt nicht, sie zu stören, indem er sie berührt.

Mr. Burdoff und das neunzehnte Jahrhundert

Zu einem späten Zeitpunkt ihrer Affäre, nachdem Mr. Burdoff sowohl den gesamten *Ring* als auch den *Fliegenden Holländer* als auch eine sinfonische Dichtung von Strauß sowie die – nach seinem Dafürhalten – unzähligen Violinkonzerte von Bruch über sich hat ergehen lassen, hat er das Gefühl, Helen habe ihn tief ins neunzehnte Jahrhundert eingeführt, ein Jahrhundert, das er immer vorsorglich vermieden hat. Er ist überrascht von seiner Üppigkeit, seiner Brillanz und seiner weiblichen Einfühlsamkeit, und noch später, als Deutschland auf der Zugfahrt hinter ihm liegt, denkt er an diese – für die Entwicklung ihrer beider Beziehung so wichtige – Nacht, in welcher er und Helen sich während ihrer Menstruation geliebt hatten. Das Radio übertrug Schumanns *Manfred*. Als Mr. Burdoff, klebrig von Helens Blut, zum Orgasmus kam, hatte er das verworrene Gefühl, Helens Blut, Helen selbst und das neunzehnte Jahrhundert verbänden sich zu einer tiefgreifenden Einheit.

Zusammenfassung

Mr. Burdoff kommt nach Deutschland. Lebt in einem Zimmer, von dem aus er eine Baustelle sehen kann. Freut sich aufs Mittagessen. Isst jeden Tag ausgiebig und nimmt an Körpergewicht zu. Besucht einen Kurs, geht in Museen und in Biergärten. Er genießt die Freilichtaufführung eines Streichquartetts, die Arme auf der metallenen Tischplatte, Kies unter seinen Füßen. Er hat Tagträume von Frauen. Verliebt sich in Helen. Eine schwierige und unerquickliche Liebe. Wachsende Vertrautheit. Helen zeigt ihm ihre Liebe zu Wagner-Opern. Unglücklicherweise zieht Mr. Burdoff Scarlatti vor. Das Mysterium von Helens Geist.

Helens Sohn wird krank, und sie fährt heim nach Norwegen, um ihn zu pflegen. Sie ist sich nicht sicher, ob sie ihre Ehe nicht doch fortsetzen wird. Mr. Burdoff schreibt ihr mindestens einmal am Tag. Wird sie wiederkommen können, bevor er nach Amerika fährt? Ihre Antwortbriefe sind sehr kurz. Mr. Burdoff kritisiert ihre Briefe. Sie schreibt unregelmäßig und nichts, was Mr. Burdoff hören möchte. Mr. Burdoff, der seinen Sprachkurs abgeschlossen hat, bereitet sich auf seine Abreise nach Amerika vor. Er ist allein auf der Fahrt nach Paris, blickt aus dem Eisenbahnfenster, fühlt sich schwach, unfähig. Helen sitzt neben ihrem schlafenden Kind, sie blickt zum Schlafzimmerfenster, denkt an Mr. Burdoff. Ihre Gedanken wandern zu früheren Liebhabern und zu deren Autos.

Was sie wusste

Die Leute wussten nicht, was sie wusste: dass sie in Wahrheit keine Frau war, sondern ein Mann, oft ein dicker, aber wahrscheinlich öfter noch ein alter Mann. Die Tatsache, dass sie ein alter Mann war, machte es ihr schwer, eine junge Frau zu sein. Es fiel ihr beispielsweise schwer, mit einem jungen Mann zu sprechen, obwohl der junge Mann offensichtlich an ihr interessiert war. Sie musste sich die Frage stellen: Warum flirtet dieser Junge mit diesem alten Mann?

Der Fisch

Sie steht da, über einem Fisch, und denkt über gewisse unwiderrufliche Fehler nach, die sie heute gemacht hat. Nun ist der Fisch gekocht, und sie ist allein mit ihm. Der Fisch ist für sie – ansonsten ist niemand im Haus. Aber sie hatte einen schweren Tag gehabt. Wie kann sie diesen Fisch essen, der nun auf einer Marmorplatte auskühlt? Dabei war der Fisch, schon entgrätet und ohne seine silberne Haut, reglos, nie ganz und gar alleine gewesen wie jetzt, in diesem Augenblick: tödlich verletzt und von dieser Frau, die den letzten Fehler dieses Tages gemacht und ihm das angetan hat, mit einem müden Auge betrachtet.

Mildred und die Oboe

Letzte Nacht hat Mildred, meine Nachbarin im Stockwerk unter mir, mit einer Oboe masturbiert. Die Oboe röchelte und quietschte in ihrer Vagina. Mildred stöhnte. Später, als ich dachte, sie sei fertig, fing sie an zu kreischen. Ich lag mit einem Buch über Indien im Bett. Ich konnte spüren, wie ihre Lust durch die Dielenbretter in mein Zimmer heraufdrang. Natürlich hätte es für das, was ich hörte, auch eine andere Erklärung geben können. Vielleicht war es nicht die Oboe, sondern der Oboist, der Mildred penetrierte. Oder vielleicht schlug Mildred mit einem etwas dünnen und musikalischen Ding wie einer Oboe auf ihren kleinen, unruhigen Hund ein.

Die kreischende Mildred wohnt unter mir. Drei junge Frauen aus Connecticut wohnen über mir. Dann gibt es noch eine Pianistin mit zwei Töchtern im Wohnzimmer und ein paar Lesben im Untergeschoss. Ich bin ein pragmatischer Mensch, eine Mutter, und ich gehe gern früh zu Bett – aber wie soll ich in diesem Haus ein geregeltes Leben führen? Es ist ein Rummelplatz hoch und nieder hüpfender und herumstolzierender Vaginen: dreizehn Vaginen und nur ein Penis, mein kleiner Sohn.

Die Maus

Zuerst schreibt ein Schriftsteller eine Geschichte über eine Maus, im Mondlicht im Schnee, wie die Maus versucht, sich in seinem Schatten zu verstecken, wie die Maus seinen Ärmel hochklettert und er sie in den Schnee abschüttelt, bevor er noch weiß, was es ist, das sich an seinem Ärmel festhält. Seine Katze ist in der Nähe und ihr Schatten fällt auf den Schnee, und sie ist hinter der Maus her. Eine Frau liest diese Geschichte später in der Badewanne. Halb ist ihr Haar trocken, halb schwimmt es im Wasser. Ihr gefällt die Geschichte.

In dieser Nacht kann sie nicht schlafen und geht in die Küche, um ein anderes Buch vom selben Schriftsteller zu lesen. Sie sitzt auf einem Hocker neben der Küchentheke. Es ist spät, und die Nacht ist ruhig, obwohl dann und wann in einiger Entfernung ein Zug vorüberfährt und vor einem Bahnübergang aufheult. Zu ihrer Überraschung kommt, obwohl sie weiß, dass sie dort lebt, unter einem Kochtopf neben dem Gasherd eine Maus hervor und streckt witternd ihre Nase in die Luft. Ihre Füße sind wie kleine Dornen, ihre Ohren unerwartet groß, ein Auge ist geschlossen, das andere offen. Das Tier knabbert an einem Brenneraufsatz herum. Sie bewegt sich, und schon flitzt das Tier zurück, hält still, kommt aber nach einem Augenblick wieder heraus, und wenn sie sich wieder bewegt, flitzt es wieder in den Herd hinein wie ein zurückschnellendes Gummiband. Obwohl es vier Uhr morgens ist, klappt die Frau, die immer noch hellwach ist und liest und von Zeit zu Zeit die Maus beobachtet, ihr Buch zu und geht zurück ins Bett.

Am Morgen sitzt ein Mann in der Küche auf einem Hocker, demselben Hocker neben der Theke, und wiegt das Kätzchen in seinen Armen, hält den Nacken in seinen großen rosaroten Händen und rubbelt mit den Daumen den Kopf, und hinter ihm steht die Frau und lehnt sich an seinen Rücken, ihre Brüste flach gegen seine Schulterblätter gedrückt, die Hände vor seiner Brust überkreuz; auf der Theke haben sie Brotkrumen für die Maus ausgelegt, damit sie sie riecht, und warten darauf, dass die Maus, ohne sich umzuschauen, herauskommt, und das Kätzchen sie fangen kann.

Sie warten in nahezu vollständigem Schweigen und nahezu reglos – nur die zärtlichen Daumen des Mannes kraulen den Schädel der Katze, und die Frau legt ihre Wange hin und wieder an das weiche, angenehm riechende Haar des Mannes und dann nimmt sie sie wieder weg, und die Augen der Katze wechseln rasch von hier nach da. In der Küche geht eine Maschine los, die Flamme der Gaswassertherme lodert urplötzlich hoch, auf dem Highway unter ihnen jagen ein paar Autos vorüber und dann, auf der Straße, eine vereinzelte Stimme. Aber die Maus kennt die Gesellschaft, die sich da versammelt hat, und kommt nicht heraus. Die Katze ist zu hungrig, um still zu halten, und streckt erst die eine Pfote vor, dann eine andere, und befreit sich aus dem lockeren Griff des Mannes und klettert auf die Theke, um das Brot selbst zu essen.

Sooft die Katze ins Haus hineinkann oder ins Haus gelassen wird, kauert sie sich träge auf der Theke neben dem Herd hin, die Augen konzentriert auf den Herd gerichtet, wo die Maus voraussichtlich auftauchen wird, aber aufmerksamer ist sie nicht, halb schlafend, als ob sie sich nur so positionieren wolle, um die Maus zu jagen, und das ohne sich zu bewegen. In Wahrheit leistet sie der Maus Gesellschaft: die Maus wachsam oder schlafend im Herd, die Katze außerhalb. Die Maus hat im Herd Mäusebabies geworfen, und auch die Katze trägt kleine Kätzchen in ihrem Bauch, und ihre Nippel stehen schon aus dem flaumigen Bauchfell vor.

Die Frau sieht oft zur Katze hin, und manchmal erinnert sie sich an eine andere Geschichte.

Die Frau und ihr Mann lebten auf dem Land in einem großen, leeren Haus. Die Zimmer in dem Haus waren so groß, dass die Möbel in den leeren Räumen versanken. Es gab keine Teppiche, und die Vorhänge waren dünn, die Fensterscheiben kalt im Winter, und das Tageslicht und das Licht der Lampen am Abend fielen kalt und weiß auf den nackten Fußboden und die nackten Wände, was aber nichts an der Dunkelheit der Zimmer änderte.

An zwei Seiten des Hauses, hinter dem Garten, gab es eine Waldung. Eins der Gehölze war tief und dicht und wuchs an einem Hügel empor und über diesen hinweg. Am Fuß des Hügels, zwischen den Bäumen, wo das Wasser durch die Eisenbahndämme aufgestaut wurde, lag ein morastiger Tümpel. Schienen und Schwellen waren von dem Damm verschwunden, und die Erhebung war von Schösslingen überwuchert. Der andere Baumbestand war licht und grenzte an eine Wiese, und das Wild wechselte herüber, um auf der Wiese zu schlafen. Im Winter konnte die Frau ihre Fährten im Schnee erkennen und ihnen bis zu der Stelle folgen, wo sie von der Straße aus hineingesprungen waren. Wenn es kälter wurde, zogen die Mäuse aus den Gehölzen und von der Wiese ins Haus ein, liefen durch die Mauern und balgten und piepsten hinter den Sockelleisten. Abgesehen von den überall herumliegenden kleinen schwarzen Kötteln, kümmerten die Mäuse die Frau und den Mann nicht, allerdings hatten sie gehört, dass Mäuse manchmal Kabel in den Mauern durchbeißen und Brände auslösen, weshalb sie sie loswerden wollten.

Die Frau kaufte im Baumarkt ein paar Fallen mit Spiralfedern aus messingartig glänzendem Metall und frischem Rohholz, das mit roten Buchstaben bedruckt war. Der Mann im Baumarkt zeigte ihr, wie man sie aufstellte. Man konnte sich leicht wehtun, denn die Federn waren sehr stark und straff angezogen. Die Frau musste sie aufstellen, denn sie übernahm immer derartige Tätigkeiten. Am Abend, bevor sie zu Bett gingen, stellte sie vorsichtig eine Falle auf, weil sie fürchtete, ihre Finger einzuklemmen, und platzierte sie an einer Stelle, wo die Wahrscheinlichkeit gering war, dass sie am Morgen, wenn sie in die Küche gingen und vergaßen, dass sie da war, auf sie drauftreten würden.

Sie gingen zu Bett, und die Frau blieb wach, um zu lesen. Sie würde lesen, bis der Mann wieder so wach war, dass er sich über das Licht beschwerte. Er beschwerte sich oft über Dinge, und wenn sie nachts etwas las, dann war es das Licht. Als sie später immer noch wach war, hörte sie das Geräusch der zuschnappenden Feder wie einen Pistolenschuss, ging aber nicht hinunter, weil es im Haus kalt war.

Am Morgen ging sie in die Küche und stellte fest, dass sich die Falle überschlagen hatte und dass eine Maus in ihr steckte und das rosa Linoleum rundum blutverschmiert war. Sie dachte, die Maus sei tot, aber als sie die Falle mit ihrem Fuß wegschob, sah sie, dass sie es nicht war. Die Maus fing an, sich mit der über ihrem Kopf zugeschnappten Falle hin und her zu werfen. Dann kam ihr Mann herein, und keiner der beiden wusste, was sie mit dieser halbtoten Maus anstellen sollten. Sie dachten, es sei das Beste, sie mit einem Hammer oder einem anderen schweren Ding zu erschlagen, aber wenn das einer von ihnen beiden tun sollte, dann wäre sie es, und sie hatte nicht den Nerv dazu. Als sie sich über die Maus beugte, wurde ihr übel vor Aufregung und Angst vor diesem toten oder fast toten oder verstümmelten Ding. Sie waren beide aufgeregt und starrten immerzu hin und drehten sich wieder weg und liefen im Zimmer im Kreis. Der Tag war bewölkt und es war noch mehr Schnee zu erwarten, und das Licht in der Küche war weiß und warf keine Schatten.

Schließlich beschloss die Frau, sie einfach rauszuwerfen, sie von da hinauszuschaffen, sodass sie in der Kälte sterben würde. Sie nahm eine Kehrschaufel und schob sie unter die Falle und die Maus und lief schnell mit ihr durch die Holztür, hinaus in den Windfang und durch den Windfang und die sturmsichere Außentür und hinunter über die Stufen, dabei ständig in Angst, sie würde wieder hochschnellen und von der Schaufel herunterrutschen. Sie ging den löchrigen Betonweg hinunter und quer über die Einfahrt zum Rand des Wäldchens und warf die Falle samt der Maus auf die vereiste Schneedecke. Sie versuchte sich einzureden, die Maus würde keine starken Schmerzen verspüren und stehe ohnehin unter Schock; zweifellos hatte eine Maus nicht genau dieselben Empfindungen wie ein Mensch, der mit dem Kopf in eine Falle eingeklemmt und in seinem Blut daläge und auf der weißen Schneedecke draußen erfror. Sicher konnte sie sich dessen nicht sein. Dann fragte sie sich, ob es irgendein Tier gäbe, das vorbeikommen könnte und Lust dazu hätte, eine Maus zu fressen, die schon tot, aber durch den Frost konserviert war.

Sie kümmerten sich danach nicht um die Falle. In der Mitte des Winters zog der Mann weg, und die Frau lebte alleine in dem Haus. Dann zog sie in die Stadt um, und das Haus wurde an einen Lehrer und dessen Frau vermietet und ein Jahr später an einen Rechtsanwalt aus der Stadt verkauft. Auf dem letzten Rundgang der Frau durchs Haus waren die Zimmer immer noch leer und düster, und die Möbelstücke vor den nackten

Wänden vermittelten, obwohl das Mobiliar nun ein anderes war, unter dem Gewicht dieser Leere den gleichen Eindruck eines Scheiterns.

Der Brief

Ihr Liebhaber liegt neben ihr, und da sie es zur Sprache gebracht hat, fragt er sie, wann es zu Ende war. Sie sagt ihm, es sei vor einem Jahr zu Ende gewesen, und dann kann sie überhaupt nichts mehr sagen. Er wartet ab, und dann fragt er, wie es zu Ende ging, und sie erzählt ihm, dass es stürmisch zu Ende ging. Er sagt vorsichtig, dass er mehr darüber erfahren wolle und über alles aus ihrem Leben, dass er aber nicht möchte, dass sie darüber spricht, wenn sie es nicht will. Sie wendet ihr Gesicht ein wenig von ihm ab, sodass das Licht der Lampe auf ihre geschlossenen Augen fällt. Sie dachte, sie wollte es ihm erzählen, nun aber kann sie es nicht und spürt die Tränen unter ihren Lidern. Sie ist überrascht, weil sie heute schon zum zweiten Mal geweint hat, und sie hat seit Wochen nicht mehr geweint.

Sie kann sich nicht eingestehen, dass es wirklich vorbei ist, obwohl jedermann sonst sagen würde, es sei vorbei, seit er in eine andere Stadt gezogen ist und mit ihr seit über einem Jahr keinen Kontakt gehabt hat und weil er mit einer anderen Frau verheiratet ist. Hin und wieder hat sie die Neuigkeiten erfahren. Jemand bekommt von ihm einen Brief mit der Neuigkeit, dass er seine finanziellen Schwierigkeiten so gut wie hinter sich habe und daran denke, eine Zeitschrift aufzumachen. Davor wusste jemand zu berichten, dass er neuerdings mit dieser Frau, die er später geheiratet hat, in der Innenstadt wohne. Sie haben kein Telefon, weil sie der Telefongesellschaft so viel Geld schulden. Die Telefongesellschaft ruft sie zu dieser Zeit hin und wieder an und erkundigt sich höflich, wo er sich aufhalte. Ein Freund erzählt ihr, dass er nachts in den Docks arbeite und Seeigel verpacke und morgens um vier nach Hause komme. Dann erzählt ihr dieser Freund, wie er einer einsamen Frau im Tausch gegen eine große Summe Geld etwas angeboten habe, worüber die Frau sehr beleidigt und unglücklich gewesen sei.

Davor, als er immer noch in der Nähe arbeitete, fuhr sie, um ihn zu sehen und mit ihm zu streiten, gelegentlich zur Tankstelle, wo er im Büro unter der fluoreszierenden Beleuchtung Faulkner las, und wenn er sie hereinkommen sah, blickte er misstrauisch zu ihr auf. Sie stritten vor den Kunden miteinander, und während er einen Tank auffüllte, dachte sie darüber nach, was sie als Nächstes sagen könnte. Später, nachdem sie aufgehört hatte, dahin zu fahren, ging sie auf Ausschau nach seinem Wagen in der Stadt herum. Einmal, als ein Lieferwagen im Regen scharf eine Kurve nahm und auf sie zu fuhr, stolperte sie über ihre Stiefel in ein Rinnsal voller Wasser, und da sah sie sich selbst ganz deutlich: eine Frau in den frühen mittleren Jahren, die Gummistiefel trug und in der Dunkelheit dahinging und nach einem weißen Wagen Ausschau hielt und nun in ein Rinnsal hineinrutschte, bereit weiter zu gehen und zufrieden, das Auto des Mannes auf einem Parkplatz zu entdecken, obwohl der Mann irgendwo anders und mit einer anderen Frau zusammen war. In dieser Nacht ging sie in der Stadt lange Zeit herum und im Kreis und überprüfte die immer gleichen Stellen, in der Annahme, er könnte in den fünfzehn Minuten, die sie vom einen Ende der Stadt zum anderen brauchte, zu jener Stelle hinaufgefahren sein, von der sie fünfzehn Minuten davor weggegangen war, aber sie fand das Auto nicht.

Das Auto ist ein alter weißer Volvo; er hat eine wunderschöne weiche Form. Sie sieht fast jeden Tag andere alte Volvos, manche von ihnen hellbraun, andere cremefarben –

so ähnlich wie seiner – und manche haben die gleiche Farbe wie seiner, weiß, aber ohne Dellen und nicht verrostet. In den Nummernschildern findet sich nie ein K, und die Fahrer, immer im Profil, sind entweder Frauen oder Männer mit Brillen oder mit Köpfen, kleiner als der seine.

In jenem Frühjahr übersetzte sie ein Buch, weil das das Einzige war, was sie tun konnte. Jedes Mal, wenn sie im Tippen innehielt und das Wörterbuch zur Hand nahm, wanderte sein Gesicht zwischen ihr und der Seite hin und her, und wieder wurde sie vom Schmerz ergriffen, und jedes Mal, wenn sie das Wörterbuch weglegte und weiter tippte, verschwanden sein Gesicht und der Schmerz. Sie arbeitete hart an ihrer Übersetzung, bloß um den Schmerz fernzuhalten.

Im März davor erklärte er ihr in einer überfüllten Bar, was sie zu hören erwartete und was sie zu hören fürchtete. Auf der Stelle verlor sie den Appetit, er aber aß ausgiebig und aß dazu auch noch ihr Essen. Er hatte kein Geld für das Abendessen, und so zahlte sie. Nach dem Essen sagte er: Vielleicht in zehn Jahren. Sie sagte, vielleicht in fünf, aber er erwiderte nichts darauf.

Sie hält beim Postamt, um einen Scheck abzuholen. Sie ist schon spät dran, dafür, wo sie hin will, aber sie braucht das Geld. Auf einem Umschlag in ihrem Postfach entdeckt sie seine Handschrift. Obwohl sie ihr sehr vertraut ist oder weil sie ihr so vertraut ist, weiß sie zunächst nicht, wessen Handschrift es ist. Als ihr klar wird, wessen es ist, flucht sie auf dem Weg zurück zu ihrem Wagen laut und immer wieder drauflos. Während sie flucht, denkt sie auch nach und kommt zu dem Schluss, dass in diesem Umschlag ein Scheck über einen Teil seiner Schulden sein wird. Er schuldet ihr über $ 300. Wenn er wegen der Schulden verlegen war, dann würde das das Jahr seines Schweigens erklären, und wenn er jetzt etwas Geld hat, das er ihr schicken konnte, so würde das die Tatsache erklären, dass er nun sein Schweigen bricht. Sie steigt ins Auto, steckt den Schlüssel ins Zündschloss und öffnet den Briefumschlag. Es steckt kein Scheck darin, und es ist kein Brief, sondern ein französisches Gedicht, das er mit seiner Hand sorgfältig abgeschrieben hat. Das Ende des Gedichts: *compagnon de silence.* Dann sein Name. Sie liest nicht alles, denn sie ist schon spät für ein Treffen mit Leuten dran, die sie nicht sehr gut kennt.

Sie flucht weiter über ihn, bis sie auf dem Highway ist. Sie ist wütend, weil er ihr einen Brief geschrieben hat und weil der Brief sie schlagartig glücklich gemacht hatte, und dann hatte ihr Glücksgefühl den Schmerz zurückgebracht. Und sie ist wütend, weil nichts jemals diesen Schmerz wieder gutmachen kann. Obwohl er natürlich kaum ein Brief genannt werden konnte, weil es eben nur ein Gedicht ist und das Geicht auf Französisch geschrieben ist und von jemandem anderen verfasst wurde. Sie ist außerdem wütend darüber, was für eine Art von Gedicht das ist. Und obendrein ist sie wütend, weil sie, auch wenn sie später über Möglichkeiten nachdenken wird, darauf zu antworten, sofort gesehen hat, dass darauf keine Antwort möglich ist. Sie fühlt sich jetzt benommen und krank. Sie fährt langsam außen auf dem rechten Fahrstreifen und zwickt fest in die Haut an ihrem Hals, bis das Schwächegefühl weggeht.

Sie ist diesen ganzen Tag mit anderen Leuten zusammen und kann keinen weiteren Blick auf den Brief werfen. Als sie am Abend alleine ist, arbeitet sie an einer Übersetzung, einem komplizierten Prosagedicht. Ihr Liebhaber ruft an, und sie spricht mit ihm darüber, wie schwierig die Übersetzung ist, aber nicht über den Brief. Nachdem sie mit ihrer Arbeit fertig ist, putzt sie das Haus sehr gründlich. Dann nimmt sie den

Brief aus ihrer Handtasche und geht zu Bett, um zu überlegen, was sie nun damit anfangen soll.

Als Erstes überprüft sie den Poststempel. Das Datum und die Tageszeit und der Name der Stadt sind sehr deutlich. Dann untersucht sie ihren Namen über der Adresse. Er könnte gezögert haben, als er ihren Nachnamen schrieb, weil sich in einer Rundung eines Buchstabens ein kleiner Tintenklecks findet. Er hat einen kleinen Fehler bei der Adresse gemacht und die Postleitzahl stimmt auch nicht. Sie sieht sich seinen Namen oder, richtiger, seine erste Initiale an – das G. ist sehr schön – und daneben seinen Nachnamen. Dann seine Adresse, und sie wundert sich, weshalb er einen Absender auf den Brief geschrieben hat. Will er eine Antwort darauf haben? Wahrscheinlicher ist, dass er nicht sicher ist, ob sie noch hier lebt, und wenn sie nicht mehr hier lebt, möchte er seinen Brief zurückbekommen, damit er es weiß. Seine Postleitzahl unterscheidet sich von der Postleitzahl des Stempels. Er muss ihn irgendwo außerhalb seiner Gegend aufgegeben haben. Hat er ihn auch nicht zu Hause geschrieben? Wo?

Sie öffnet den Umschlag und faltet das Papier auseinander; es ist sauber und neu. Nun nimmt sie genauer wahr, was auf dieser Seite steht. Das Datum, der 10. Mai, steht im rechten oberen Eck in einer kleineren, dickeren und verkrampfteren Handschrift als der Rest auf dieser Seite, so als hätte er es zu einer anderen Zeit geschrieben, entweder davor oder danach. Er schreibt es als Erstes, dann hält er inne und denkt mit zusammengepressten Lippen nach, oder er sucht das Buch, aus dem er das Gedicht nehmen wird – auch wenn das weniger wahrscheinlich ist, weil er es wohl griffbereit vor sich liegen hat, als er sich zum Schreiben hinsetzte. Oder er denkt, dass er es datieren wird, wenn er fertig ist. Er liest es noch einmal durch, dann datiert er es. Nun bemerkt sie, dass er ganz oben ihren Namen hingeschrieben hat, mit einem Komma dahinter, auf derselben Höhe wie sein Name unter dem Gedicht. Das Datum, ihr Name, Komma, dann das Gedicht, dann sein Name, punktum. Also ist das Gedicht der Brief.

Nachdem sie all das erkannt hat, liest sie das Gedicht mehrmals sorgfältiger durch. Darunter steht ein Wort, das sie nicht entziffern kann. Es steht am Ende einer Zeile, also sieht sie sich das Reimschema an und das Wort, auf welches es sich reimen sollte, und zwar *bemühten* (um die reinen Gedanken), das heißt, das Wort, das sie nicht lesen kann, lautet wahrscheinlich *Blüten* – von: »nachtschattendunklen Blüten«. Dann kann sie zwei andere Worte am Beginn der letzten Zeile des Oktetts nicht lesen. Sie sieht sich an, wie er andere Großbuchstaben geschrieben hat und stellt fest, dass es sich bei dem Großbuchstaben um ein *L* handeln muss, und die Wörter müssen *La lune* heißen, der Mond, der Mond, der auch *aux insensés* – auch zu verrückten Leuten – so großherzig und freundlich ist.

Was sie zuallererst gesehen hatte, und die einzigen Worte, an die sie sich erinnern konnte, als sie auf dem Highway nach Norden fuhr, waren *compagnon de silence* – Gefährte der Stille – und irgendeine Zeile über Hände, die einander halten, eine weitere über grüne Wiesen – auf Französisch: *prairies* –, den Mond und über das Sterben im Moos. Sie hat nicht gesehen, was sie diesmal sieht, denn obwohl sie starben oder diese zwei im Gedicht starben, treffen sie einander später wieder – *nous nous retrouvions* –, wir haben einander wiedergefunden, dort oben, in des Lichtes Fülle, was wohl im Himmel bedeutet. Weinend haben sie einander wiedergefunden. Und damit endet das Gedicht, mehr oder weniger, weinend haben wir einander wiedergefunden, teurer Gefährte der Stille. Sie überprüft das Wort *retrouvions* langsam, um sich anhand der Handschrift zu vergewissern, dass die Buchstaben tatsächlich besagen, dass sie einander wiederfinden. Sie hängt so konzentriert an diesen Buchstaben, dass sie einen Augenblick lang spüren kann, wie sich alles in ihr und alles in dem Zimmer und in ihrem Leben, bis heute, hinter ihren Augen konzentriert, so als ob alles von einem Tintenstrich abhinge, der die richtige Neigung hat, und vor einem anderen Strich, der eine solche Kurve zieht, wie sie sich das erhofft. Wenn da außer Zweifel *retrouvions* steht, und das scheint der Fall zu sein, dann kann sie daran glauben, dass er, achthundert Meilen weg von hier, immer noch denkt, dass es ab jetzt in zehn Jahren oder in fünf Jahren oder, da schon ein Jahr vergangen ist, in neun Jahren oder vier Jahren möglich sein wird.

Aber die Stelle über das Sterben bereitet ihr Kopfzerbrechen. Sie könnte bedeuten, dass er nicht wirklich erwartet, sie wieder zu sehen, da sie immerhin schon tot sind; oder dass die Zeitspanne so lange sein wird, dass eine ganze Lebensdauer vergehen wird. Oder aber es mochte sein, dass dieses Gedicht dem am nächsten kam, was sich an Gedichten finden ließ, die etwas darüber aussagten, was er über Gefährten dachte, über Schweigen, Weinen und das Ende aller Dinge, und dass es nicht genau das ist, was er dachte; oder er stieß zufällig auf das Gedicht, musste einen Augenblick lang an sie denken, fühlte sich gedrängt, es abzuschicken, schickte es, ohne klare Absicht, rasch ab.

Sie faltet den Brief zusammen und steckt ihn zurück in den Umschlag, legt ihn auf ihre Brust, darauf ihre Hand, schließt ihre Augen, und nach einer Weile – das Licht ist noch immer an – schläft sie langsam ein. Halb im Traum denkt sie, dass noch immer etwas von seinem Geruch in dem Papier sein mochte, und wacht auf. Sie nimmt das Blatt aus dem Umschlag, faltet es auseinander, und am breiten weißen Rand am unteren Ende der Seite zieht sie die Luft tief ein. Nichts. Dann kommt das Gedicht, und sie denkt, dass sie hier etwas riechen könne, obwohl sie wahrscheinlich nur den Geruch der Tinte einatmet.

Auszüge aus einem Leben

Kindheit

Ich wuchs in der Geigenfabrik auf, und wenn ich mich mit meinen Brüdern und Schwestern stritt, gingen wir sogar regelmäßig mit Geigen aufeinander los.

Wenn du etwas vorhast, dann führ es aus

Viele Leute denken oft: »Ich würde gerne dieses oder jenes tun.«

Der japanische Dichter Issa

Als Kind lehrte man mich, die Haikus des japanischen Dichters Issa aufzusagen, und ich habe sie nie wieder vergessen.

O, mein Heimatdorf,
Maultaschen, von Hand gemacht,
Schnee, auch im Frühling

Erwachsene

Ich kann nicht ohne Kinder leben. Aber ich liebe auch die Erwachsenen, denn ich empfinde großes Mitgefühl mit ihnen – »Letzten Endes müssen auch diese Menschen sterben.«

Meine Begegnung mit Tolstoi

Eines Tages machte ich mich wie gewöhnlich auf den Weg zur Geigenfabrik meines Vaters, in der an die tausend Leute arbeiteten. Ich betrat das Büro, entdeckte eine englische Schreibmaschine und fing an, auf den Tasten herumzuhauen.

In eben genau diesem Augenblick tauchte der Leiter der Exportabteilung auf. »Meister Shin'ichi!«

Ich log und sagte, ich hätte die Tasten bloß leicht berührt.

»Aha«, sagte er bloß.

Feigling, dachte ich. Warum habe ich gekniffen?

Ich ging in eine Buchhandlung, wütend über mich selbst. Das Schicksal führte mich zu einer Ausgabe von Tolstois *Tagebuch*. Ich schlug es an einer beliebigen Stelle auf: »Sich selbst zu betrügen, ist schlimmer, als andere zu betrügen.« Diese schroffen Worte trafen mich mitten ins Herz.

Mehrere Jahre danach, ich fuhr mit dreiundzwanzig zum Studium nach Deutschland, begleitete mich das Buch in meiner Tasche.

Eine kleine Episode

Hier folgt nun eine kleine Episode des Eigenlobs.

Ich stand damals unter großem Einfluss von Tolstoi.

Es war das Jahr 1919. Zu Frühlingsbeginn erhielt ich einen Brief mit der überraschenden Einladung, an einer biologischen Forschungsreise teilzunehmen. Das Expeditionsteam an Bord umfasste dreißig Personen.

Zu dieser Zeit waren meine Geige und ich unzertrennlich. Sie war zu einem Teil von mir geworden.

Unser Schiff umkreiste die Inseln. Während wir nebeneinander an der Küste entlanggingen, entdeckten wir ein höchst ungewöhnliches Kissenmoos von kobaltblauer und rötlicher Färbung, das an einer steilen Klippe emporwuchs.

»Was gäbe ich nicht dafür, etwas von diesem Moos zu haben«, sagte Professor Emoto und blickte begehrlich in die Höhe.

»Ich hol's Ihnen von hier aus runter«, sagte ich großspurig und borgte mir von einem der Forschungsteilnehmer eine kleine Schöpfkelle.

Es stellte sich heraus, dass es viel weiter oben wuchs, als ich gedacht hatte. Du lieber Himmel!, dachte ich.

Unter den prüfenden Blicken der gesamten Mannschaft schleuderte ich die Kelle in die Höhe.

»O, großartig, fantastisch!«, riefen sie.

Als ich ihren Applaus hörte, schwor ich mir im Stillen, nie wieder eine solche Dummheit zu begehen

Ich habe gelernt, was Kunst wirklich ist

Kunst passiert nicht an irgendeinem weit entfernten Ort.

Dr. Einstein war mein Beschützer

Ich mietete mich im Haus einer grauhaarigen Witwe und ihres ältlichen Dienstmädchens ein. Sowohl die Vermieterin als auch das Dienstmädchen waren schwerhörig, sodass sie sich nie beklagten, egal, wie laut ich auf der Geige spielte.

»Ich werde mich nicht mehr um Sie kümmern können«, sagte Dr. M., ein Professor der Medizin, »deshalb habe ich einen Freund gebeten, ein Auge auf Sie zu haben.« Der Freund entpuppte sich als Dr. Albert Einstein, der später die Relativitätstheorie entwickelte.

Ein Maestro, der zu gut spielte

Einsteins Spezialitäten, wie zum Beispiel die *Chaconne* von Bach, waren großartig. Im Gegensatz zu seinem Spiel erschien meines, obwohl ich mich anstrengte, mühelos und locker zu spielen, wie ein ständiger Kampf.

»Die Menschen sind alle gleich, Madame«

Während einer Dinnerparty warf eine alte Frau die Frage auf, wie es nur möglich sei, dass ein Japaner die Geige derart zu spielen verstand, dass er das Deutsche an Bruch vermitteln konnte.

Nach einer kurzen Pause sagte Dr. Einstein ruhig: »Die Menschen sind alle gleich, Madame.«

Ich war unendlich gerührt.

Ich hatte nun das Gefühl, Mozarts direktem Befehl zu unterstehen

Das ganze Programm dieses Abends war Mozart gewidmet. Und während des Klarinettenquintetts passierte mir etwas, das mir davor noch nie passiert ist: Ich verlor die Kontrolle über meine Arme. Nach der Aufführung versuchte ich zu klatschen. Mein Blut brannte in mir.

In dieser Nacht konnte ich überhaupt keinen Schlaf finden. Mozart hatte mir ein unsterbliches Licht gezeigt, und nun hatte ich das Gefühl, Mozarts direktem Befehl zu unterstehen. Er drückte seine Trauer nicht nur in Moll, sondern auch in Dur aus. Leben und Tod: der unabwendbare Lauf der Natur. Erfüllt von dem Glück der Liebe hörte meine Traurigkeit auf.

Gut gemacht, junger Mann

Ich tat, was ich tun wollte.

Die Essstäbchen halb in der Luft sah mich mein Vater mit einem Funkeln in den Augen an. »Gut gemacht, Shin'ichi!«

Das Haus – und seine Pläne

Von der Straße aus, die seitlich an der darüberliegenden Anhöhe entlanglief, sprang mir das Stück Land ins Auge, und ich wollte es auf der Stelle kaufen. Hätte mir der Makler etwas von den Nachteilen gesagt, ich hätte in diesem Augenblick nicht auf ihn gehört. Ich war benommen von der Schönheit, die ich sah: ein langes Tal blutroter Weingärten, das nach den spätsommerlichen Regenfällen halb unter Wasser stand; in der Ferne gelbe Felder, die von Unkraut und Disteln erstickt wurden, und dahinter ein Wald, der sich am Hang eines Hügels hinaufzog; in der Mitte des Tals, die Felder überragend, die Ruine eines Bauernhauses: Aus den zerbrochenen Steinen der Gartenmauer wuchs ein Maulbeerbaum, und neben ihm, quer über den braunen Teppich verrotteter Früchte, fiel der Schatten eines uralten Birnbaums auf die Erde.

An seinen Wagen gelehnt, sagte der Makler: »Ein Zimmer ist noch intakt. Drin ist alles versifft. Sie haben da jahrelang Tiere gehalten.« Wir gingen hinunter zum Haus.

Eine dicke Schicht Dung war auf den Fliesen. Ich spürte den Wind zwischen den Steinen hindurchblasen, und durch das hohe Dach drang das Tageslicht. Nichts davon schreckte mich ab. Ich ließ noch am gleichen Tag den Vertrag aufsetzen.

Ich hatte mich so viele Jahre darauf gefreut, ein Stück Land zu finden und ein Haus darauf zu bauen, dass ich manchmal das Gefühl hatte, ich sei zu keinem anderen Zweck in die Welt gesetzt worden. War das Verlangen erst einmal in mir geweckt, konzentrierte sich meine ganze Energie darauf, es zu stillen:

Der Job, der mir gleich nach der Schule zugeteilt wurde, war langweilig und zermürbend, aber je mehr Verantwortung ich bekam, desto mehr Geld brachte er mir ein. Um so wenig wie möglich auszugeben, führte ich ein extrem ereignisloses Leben und wehrte mich dagegen, Freundschaften zu schließen oder mich zu amüsieren. Viele Jahre später hatte ich genug Geld, um meinen Job aufzugeben und mit der Suche nach einem Stück Land zu beginnen. Immobilienmakler fuhren mich von einem Grundstück zum nächsten. Ich sah so viele Grundstücke, dass ich ganz durcheinander war und nicht mehr wusste, wonach ich eigentlich suchte. Als mein Blick schließlich auf das Tal unter mir fiel, war es, als wäre ich eine schreckliche Last losgeworden.

Solange die sommerliche Wärme über dem Land lag, war ich zufrieden, in meinem königlichen und rußgeschwärzten Zimmer zu wohnen. Ich machte es sauber, stellte Möbel hinein und ein Zeichenbrett in eine Ecke, wo ich an den Plänen für den Umbau des Hauses arbeitete. Wenn ich von meiner Arbeit aufblickte, sah ich das Sonnenlicht auf den Olivenblättern und ließ mich nach draußen locken. Ich ging durch das Gras rund ums Haus und beobachtete mit den müden, erwartungsvollen Augen eines Mannes, der sein ganzes Leben in der Stadt gelebt hat, Elstern, die im Thymian herumrannten, und Eidechsen, die in der Hausmauer verschwanden. Bei stürmischem Wetter bogen sich die Zypressen vor meinem Fenster unter dem Wind.

Dann fiel die herbstliche Kühle ein, und Jäger gingen in der Nähe meines Hauses auf die Pirsch. Die Schüsse aus ihren Gewehren machten mir Angst. Im Nachbarfeld barsten Rohre einer Kläranlage, deren entsetzlicher Gestank die Luft erfüllte. Ich machte Feuer in meinem offenen Kamin, aber mir wurde nie warm.

Eines Tages fiel der Schatten eines jungen Jägers auf mein Fenster. Der Mann trug Kleidung aus Leder und ein Gewehr. Nachdem er mich einen Augenblick lang gemustert hatte, kam er zu meiner Tür und machte sie auf, ohne anzuklopfen. Er stand im Schatten der Türöffnung und starrte mich an. Seine Augen waren milchig blau, und der rötliche Bart bedeckte kaum seine Haut. Ich hielt ihn sofort für einen Dorftrottel und kriegte es mit der Angst. Er tat nichts, sah sich bloß im Zimmer um, zog die Tür hinter sich zu und ging wieder fort.

Ich schäumte vor Wut. Als ob er in einem Zoo umherschlenderte, war dieser Mann zu meinem kleinen steinernen Bau heraufgekommen und hatte mich unverschämt gemustert. Ich kochte und marschierte im Zimmer auf und ab. Aber ich war einsam, da draußen auf dem Land, und er hatte meine Neugier geweckt. Nach ein paar Tagen wollte ich ihn unbedingt wiedersehen.

Er kam wieder, und diesmal zögerte er nicht an der Tür, sondern trat ein, setzte sich auf einen Stuhl und redete mich an. Ich verstand seine ländliche Aussprache nicht. Er wiederholte eine Wendung ein zweites und dann ein drittes Mal, und trotzdem konnte ich noch immer nur raten, was er meinte. Als ich versuchte, ihm zu antworten, hatte er das gleiche Problem mit meiner städtischen Aussprache. Ich gab's auf und bot ihm ein Glas Wein an. Er lehnte es ab. Irgendwie linkisch erhob er sich von seinem Stuhl und fasste sich ein Herz, mein Hab und Gut aus der Nähe zu inspizieren. Er fing seinen Rundgang bei meinem Bücherschrank an, der an den Wänden entlanglief, an denen eingerahmte Drucke von Häusern hingen, die mir besonders gefielen, manche an der Place des Vosges und manche in den ärmeren Vierteln hinter dem Montparnasse, und schließlich kam er zu meinem Zeichenbrett, wo er, einen Finger in der Luft, plötzlich innehielt und auf eine Erleuchtung wartete. Er brauchte eine ganze Weile, bis er verstand, dass ich Strich um Strich ein Haus entwarf, und als er es verstanden hatte, fing er an, sämtliche Zimmerwände ein paar Zentimeter oberhalb der Blaupausen mit seinem Finger nachzuziehen. Als er schließlich jeden Strich studiert hatte und an ihm entlanggefahren war, lächelte er mir, ohne die Lippen zu öffnen, zu, blickte auf eine mir unverständliche, irgendwie listige Art zur Seite und war urplötzlich verschwunden.

Wieder war ich wütend, denn ich hatte das Gefühl, er sei in mein Zimmer eingedrungen und habe mir meine Geheimnisse gestohlen. Doch als mein Ärger abgeklungen war, wollte ich, er käme wieder. Er kam am nächsten Tag und ein paar Tage später kam er noch ein weiteres Mal, obwohl ein heftiger Wind wehte. Ich erwartete ihn von da an und freute mich auf seine Besuche. Er ging jeden Morgen sehr früh auf die Jagd, und während der Woche kam er, wenn er alles erledigt hatte, einige Male vom Acker vorbei, wo die Sonne schon den weißen Lehmboden zu verfärben begann. Sein Gesicht strahlte, und er strotzte vor Energie, dass er sie kaum im Zaum halten konnte: Alle paar Minuten sprang er von seinem Stuhl hoch, marschierte zur Tür und schaute hinaus, kehrte zur Zimmermitte zurück, pfiff tonlos vor sich hin und setzte sich wieder. Allmählich schwand seine Energie, und wenn sie weg war, ging auch er. Er nahm nie etwas zu essen oder zu trinken an, und schien erstaunt, dass ich ihm etwas anbot, so als wäre gemeinsames Essen und Trinken ein Akt großer Intimität.

Die Verständigung zwischen uns beiden wurde um nichts leichter, aber wir fanden mehr und mehr Dinge, die wir gemeinsam erledigen konnten. Er half mir, Vorkehrungen für den Winter zu treffen, indem er die Schlitze in meinen Wänden zustopfte und Holz für den Kamin stapelte. Nach unserer Arbeit gingen wir hinaus in die Felder und den Wald. Mein

Freund zeigte mir die Plätze, die er gerne aufsuchte – einen Hag aus Weißdornbüschen, einen Kaninchenbau und eine Höhle im Berghang –, und obwohl ich nur eine einzige Sache hatte, die ich ihm zeigen konnte, schien er diese ebenso geheimnisvoll und fesselnd zu finden wie ich.

Jedes Mal, wenn er mich besuchte, gingen wir zuerst zu meiner Blaupause hinüber, auf der ich ein weiteres Zimmer hinzugefügt oder mein Arbeitszimmer vergrößert hatte. Ständig gab es Veränderungen, die ich ihm zeigen wollte, weil ich nie mit der Verbesserung meines Planes fertig wurde und beinahe jede Stunde an ihm arbeitete. Nun griff er manchmal nach meinem Bleistift und zeichnete ungeschickt etwas ein, auf das ich nicht gekommen wäre: eine Räucherkammer oder einen Rübenkeller.

Aber die Begeisterung für den Plan und die Freude, einen Freund zu haben, machten mich blind gegenüber einer erschreckenden Tatsache: Je länger ich auf meinem Stück Land lebte und Zeit verstreichen ließ, desto mehr schwand die Chance, das Haus zu bauen. Mein Geld zerrann und mit ihm zerrann mein Traum. Im Dorf, fernab von jedem Markt, war der Preis für Nahrungsmittel doppelt so hoch wie davor in der Stadt. Mager, wie ich war, konnte ich nicht noch weniger essen. Gute Maurer und Tischler, ja selbst miserable, waren hier dünn gesät und teuer: Zwei Mann für ein paar Monate anzuheuern, bedeutete, dass mir danach zu wenig zum Leben bleiben würde. Als mir das klar wurde, gab ich nicht auf, hatte aber keine Antworten auf die Fragen, die mich quälten.

Am Anfang hatte meine Blaupause meine ganze Zeit und Aufmerksamkeit in Anspruch genommen, weil ich nach ihrer Vorlage mein Haus bauen wollte. Schritt für Schritt begann die Blaupause für mich lebendiger zu werden als das eigentliche Haus: Die Beschäftigung mit den Bleistiftstrichen, die ich nach Belieben hin und her schieben konnte, beanspruchte in meiner Vorstellung mehr und mehr Zeit. Hätte ich aber offen zugegeben, dass nunmehr keine Möglichkeit bestand, dieses Haus zu bauen, dann hätte die Blaupause ihre Bedeutung verloren. Also glaubte ich weiter an das Haus, auch wenn der Glaube an die Möglichkeit, es zu bauen, ständig unterhöhlt wurde.

Was die Lage noch frustrierender machte, war, dass am Ortsrand alle paar Monate neue Häuser aus dem Boden schossen. Als ich das Stück Land kaufte, waren die einzigen Gebäude in dem Tal kleine Hütten aus Stein, die plump inmitten umgepflügter Felder hockten, in ihrem Inneren schwarz wie Höhlen, die Böden aus Lehm. Nach der Unterzeichnung des Vertrags war ich nach Hause zurückgefahren, hatte, ganz und gar zufrieden, da gestanden und über die aufgelassenen Weingärten und die verwilderten Äcker bis zum Horizont geblickt, wo das Dorf mit seinen dicht aneinandergedrängten Kirchtürmen auf einem kleinen Hügel zu einer Art Festung emporragte. Nun gab es in der Landschaft allenthalben Wunden aus nackter roter Erde, und innerhalb von ein paar Wochen wuchs darüber, wie Schorf, ein neues Haus. Der Landschaft blieb keine Zeit, diese Veränderungen zu verarbeiten: Kaum war ein Haus fertiggebaut, wurden auch schon rechts und links davon für ein weiteres Eichen gefällt.

Ich verfolgte die Baufortschritte an einem ganz bestimmten Haus mit Besorgnis und schierem Entsetzen, weil es von mir nur ein paar Gehminuten entfernt war. Das zielbewusste Tempo, mit dem es in die Höhe wuchs, erschütterte mich und schien mir wie Hohn angesichts meiner persönlichen Lage. Es war ein hässliches Haus mit rosa Wänden und billigen Eisengittern vor den Fenstern. Kaum war es fertig und der letzte junge Baum in den staubigen Boden daneben eingepflanzt, kamen die Besitzer aus der Stadt und verbrachten Allerheiligen darin, setzten sich auf die Terrasse, um auf das Tal zu schauen, als hätten sie Logenplätze in der Oper. Danach fuhren sie, solange das Wetter hielt, jedes Wochenende zum Haus und beschallten das Land ringsum mit dem Lärm aus ihrem Radio. Ich beobachtete sie mit finsterem Blick von meinem Fenster.

Das Schlimmste an alledem war, dass mein Freund seine Wochenendbesuche daraufhin sofort einstellte. Ich wusste, dass ihn meine Nachbarn mir abspenstig gemacht hatten. Aus der Entfernung sah ich ihn ruhig zwischen ihnen in ihrem Hof stehen. Ich fühlte mich hundeelend. Schließlich musste ich mir eingestehen, wie aussichtslos meine Lage war. Damals kam mir die Idee, mein Stück Land zu verkaufen und irgendwo anders ganz von vorne anzufangen.

Ich dachte, ich könnte vielleicht von anderen Städtern einen guten Preis für mein Land bekommen. Aber als ich den Makler aufsuchte, erklärte er mir rundweg, mein Besitz sei so gut wie unverkäuflich, weil sich auf dem Nachbaracker eine Kläranlage befinde und mein Haus unbewohnbar sei. Dann fuhr er fort, die Einzigen, die am Kauf interessiert sein könnten, seien meine Nachbarn, denen meine Gegenwart in Wahrheit schon die ganze Zeit gegen den Strich gegangen war und die für das Land eine sehr bescheidene Summe zahlen würden, nur damit sie mich los wären. Sie hatten zu dem Makler im Vertrauen gesagt, der Anblick meines Hauses in ihrem Vorgarten sei ein Schandfleck und eine Beleidigung fürs Auge, wenn Freunde tagsüber zu Besuch kämen. Ich war schockiert. Mein erster heftiger Impuls war natürlich, dass ich niemals an meine Nachbarn verkaufen würde. Niemals würde ich ihnen diesen Triumph lassen. Ich machte kehrt und ließ den Makler wortlos stehen. Während ich auf der Türschwelle darüber nachdachte, hörte ich, wie er in ein anderes Zimmer ging, etwas zu seiner

Frau sagte und lauthals lachte. Das war ein ausgesprochener Tiefpunkt in meinem Leben.

Als mein Freund nach ein paar Wochen ohne ein Wort der Erklärung zu seiner Abwesenheit gänzlich wegblieb, war ich restlos verbittert. Ich versank in eine tiefe Depression und beschloss, die Idee eines Hausbaus fallen zu lassen und wieder an meine Arbeitsstelle in der Stadt zurückzukehren. Der Firmenleitung war es nicht gelungen, jemanden anderen zu finden, der bereit war, die langen Arbeitszeiten in Kauf zu nehmen und sich mit so unabsehbaren Komplikationen herumzuschlagen. Sie hatten mir mehrmals geschrieben und mich gebeten, doch wieder bei ihnen anzufangen, und hatten mir mehr Geld angeboten. Ich konnte mein altes Leben ohne Weiteres wieder aufnehmen, dachte ich; dieser Landaufenthalt wäre dann nichts als ein verlängerter Urlaub gewesen. Einen Augenblick lang schaffte ich es sogar, mir einzureden, dass mir das Leben in der Stadt und die wenigen Bekannten im Büro, die mich nach außerordentlich langweiligen Arbeitstagen auf ein paar Drinks einluden, abgingen. Ich trug meinem Makler auf, meinen Nachbarn ein Angebot zu machen, und versuchte mir selbst weiszumachen, ich täte das Richtige. Mein Herz spielte dabei aber nicht mit, und als ich meine Habseligkeiten zusammenpackte und einen letzten Rundgang um die Grenzen meines kleinen Grundstücks machte, war es mir, als wäre ich ein anderer Mensch.

Die Koffer standen im frühen Morgenlicht vor der Haustür, das Taxi, das ich bestellt hatte, holperte über den Feldweg daher, und ich war tatsächlich drauf und dran aufzubrechen, als ich mich fragte, ob ich nicht doch zu überstürzt gehandelt haben könnte. Es wäre falsch wegzugehen, ohne dem jungen Mann, der mein Freund gewesen war und dessen Namen ich nicht einmal kannte, eine Nachricht zu hinterlassen. Ich bezahlte den Taxifahrer und bestellte ihn für den nächsten Tag zur selben Stunde. Er warf mir einen fragenden Blick zu und fuhr den Weg zurück. Staub wirbelte hinter ihm hoch und senkte sich wieder. Ich trug meine Koffer hinein und setzte mich hin. Nachdem ich eine Zeit lang darüber nachgedacht hatte, wie ich meinen Freund finden könnte, wurde mir klar, dass ich natürlich ein Narr gewesen war, mich sinnloserweise darauf festzulegen, einen weiteren Tag in dieser feindseligen Umgebung zu verbringen, und dass es mir nicht gelingen würde, ihn zu finden. Die Geschäftsführer würden ungehalten sein, dass ich nicht im Büro erschien, sie würden sich Sorgen machen und versuchen, mich zu erreichen, und wären vollkommen ratlos, wenn es ihnen nicht gelang. Je weiter der Vormittag fortschritt, desto ruheloser und wütender wurde ich über mich selbst und hatte das Gefühl, einen schrecklichen Fehler begangen zu haben. Es war nur ein kleiner Trost zu wissen, dass am nächsten Tag alles wie geplant ablaufen und dass es schlussendlich so sein würde, als wäre dieser Tag gar nie geschehen.

Während des langen, heißen Nachmittags flatterten kleine Vögel im Dornengestrüpp, und aus der Erde stieg ein süßer Duft auf. Der Himmel war wolkenlos, und die Sonne warf dunkle Schatten über die Erde. Ich saß in meiner Geschäftskleidung an der Hausmauer, unberührt von der Schönheit des Landes. Meine Gedanken waren in der Stadt, und mein Gefängnisaufenthalt auf dem Land nervte mich. Zu Mittag war nichts zu essen da, aber ich war nicht bereit, ins Dorf zu gehen. Frierend und hungrig lag ich Stunden um Stunden wach, ehe ich einschlief.

Ich erwachte vor Sonnenaufgang. Ich war so hungrig, dass ich das Gefühl hatte, Steine im Magen zu haben, und freute mich auf ein Frühstück im Bahnhof. Vor meinem Fenster war alles schwarz. Windböen setzten die Blätter in Bewegung, und der Himmel hinter den schwarzen Büschen verfärbte sich weiß. Allmählich nahmen die Blätter Farbe an. Ringsum im Wald und gleich neben dem Haus hörte man überall das Steigen und Fallen von Vogelstimmen. Ich hörte ihnen aufmerksam zu. Als die Sonnenstrahlen bis zu den Büschen vordrangen, ging ich hinaus und setzte mich vor das Haus. Als das Taxi schließlich da war, war ich in einer solch friedfertigen Stimmung, dass ich es nicht über mich brachte wegzufahren. Nach ein paar wütenden Worten fuhr der Fahrer wieder davon.

Den ganzen Morgen und bis in den Nachmittag saß ich wie am Vortag in meiner Geschäftskleidung vor dem Haus, aber ich war nicht mehr ungeduldig und scharf darauf, woanders zu sein. Ich war ganz darin versunken, was vor meinen Augen ablief – Vögel, die in den Büschen verschwanden, Käfer, die auf Steinen herumkrochen –, ganz so, als wäre ich unsichtbar, als beobachtete ich alles und wäre gleichzeitig gar nicht dabei. Oder, da ich war, wo ich eigentlich nicht sein sollte, wo niemand mit meiner Anwesenheit rechnete, war ich wie ein bloßer Schatten meiner selbst, der, eingefangen vom Licht, einen Augenblick verspätet hinter sich nachhinkte. Bald würde sich das Band straffen, und ich wäre fort, flöge hinter mir her: Für den Augenblick war ich in Freiheit.

Als es Abend wurde, bemerkte ich nicht, dass ich hungrig war. Wie benommen von meiner Zufriedenheit blieb ich weiter still sitzen, wartete zu. Dann trieben mich Kälte und Dunkelheit ins Haus, wo ich mich hinlegte, voll wüster Träume.

Am nächsten Morgen sah ich eine Gestalt, die den benachbarten Acker von dessen entgegengesetztem Ende sehr langsam überquerte. Meine Augen fühlten sich an, als ob eine seit Langem bestehende Leere aufgefüllt worden wäre. Ohne es zu wissen, hatte ich auf meinen Freund gewartet. Aber während ich ihn beobachtete, erschien mir sein Zögern mit einem Mal unnatürlich, und dann erfüllte es mich mit Angst: Er torkelte in den Furchen hin und her, hob seine Nase wie ein Spaniel witternd in die Luft und schien nicht zu wissen, wohin er ging. Ich stand auf, um ihm entgegenzugehen, und als ich näher kam, sah ich, dass seine Stirn bandagiert und seine Gesichtsfarbe von erschreckendem Grau war. Als ich dann bei ihm war, war er verwirrt und starrte mich an, als wäre ich eine Fremde. Ich fasste ihn am Arm und half ihm über den Ackerboden. Als wir beim Haus waren, stieß er mich weg und legte sich auf mein Bett. Er zitterte vor Erschöpfung. Er war so sehr vom Fleisch gefallen, dass seine Wangen ganz hohl waren und seine Hände wie Klauen. Seine Augen waren so fiebrig, dass ich ernsthaft darüber nachdachte, ins Dorf zu gehen, um einen Arzt zu holen. Aber als er wieder zu Atem kam, setzte er ganz ruhig zu sprechen an. Er erklärte irgendetwas sehr ausführlich, während ich, ohne zu verstehen, neben dem Bett saß und zuhörte. Er führte mehrere Bewegungen mit seinen Armen aus, bis ich endlich begriff, dass er in einen Jagdunfall verwickelt gewesen war. Während all der Wochen, in denen ich ihm so bittere Vorwürfe gemacht hatte, hatte er irgendwo in einem Krankenhaus gelegen.

Er redete immer weiter und weiter, und es fiel mir schwer, mich auf das zu konzentrieren, was er sagte. Ich wurde rastlos und ungeduldig. Nach einer Weile konnte ich es nicht länger ertragen. Ich stand auf und marschierte angestrengt im Zimmer auf und ab. Schließlich hörte er auf zu reden und zeigte mit dem Finger auf eine Stelle unter dem Fenster in einer Zimmerecke. Ich verstand nicht, denn da war nichts, nur das Fenster. Dann begriff ich, dass er versuchte, auf das abmontierte Zeichenbrett hinzuweisen, und meine Blaupause sehen wollte. Ich packte sie aus und gab sie ihm. Er war noch immer nicht zufrieden. In meiner Tasche fand ich einen Bleistift und gab ihm auch diesen. Er fing an, auf dem Plan herumzuzeichnen. Es dauerte nicht lange, und er hatte das ganze Papier, bis in die Ecken hinein, mit komplizierten Gebilden überzogen. Ich stand hinter ihm, und während ich darauf starrte, erkannte ich endlich einen Turm und etwas, das in dem Gewirr der Linien eine Toreinfahrt hätte sein können. Als er die Seite vollgezeichnet hatte, gab ich ihm noch weitere Blätter, und er fuhr mit seiner Arbeit fort. Seine Hand arbeitete beinahe pausenlos, und was er da zeichnete, besaß die Komplexität von etwas, das er während vieler einsamer Tage konzipiert und überarbeitet hatte. Als er zu müde war, um den Bleistift weiter zu bewegen, schlief er ein. Ich ließ ihn da am frühen Abend zurück und ging ins Dorf, um Lebensmittel einzukaufen.

Während ich über die Felder zu meinem Haus zurückkehrte, betrachtete ich die rote Landschaft und hatte das Gefühl, sie sei ganz vertraut, so als hätte sie mir gehört, lange bevor ich sie gefunden hatte. Die Vorstellung, wegzuziehen, erschien völlig unsinnig. Innerhalb weniger Tage waren mein Zorn und meine Enttäuschung geschwunden, und nun schien, wie zu Anfang, jedes Ding, das ich anschaute, bloß eine Hülse oder Schote zu sein, die abfallen würde, um eine perfekte Frucht zu enthüllen. Obwohl ich müde war, jagten meine Gedanken weiter und weiter voraus: Ich rodete ein Stück Land neben dem Haus und stellte eine Scheune hin; ich führte schwarz-weiße Kühe hinein, zu deren Füßen sich nervöse Hühner tummelten; am Rande meines Grundstücks pflanzte ich eine Reihe Zypressen, sodass das Haus des Nachbarn hinter ihnen versteckt war; ich riss die baufälligen Mauern ab und erbaute aus ihren Steinen meinen eigenen Landsitz, und wenn er fertiggestellt wäre, dann böte sich meinen Augen ein spektakulärer Anblick, der jeden Betrachter mit Neid erfüllen würde. Mein

Traum wäre Wirklichkeit geworden, so wie ich mir das von Anfang an vorgestellt hatte.

Vielleicht hatte ich Fieberträume. Es war nicht wahrscheinlich, dass die Dinge sich so entwickeln würden. Aber als ich über den Acker hinwegstolperte und mit einem Schritt tief in einer Furche versank und mit dem nächsten eine Bodenwelle erklomm, war ich zu glücklich, um zu befürchten, meine Frustrationen und Enttäuschungen könnten jeden Augenblick wie eine Wolke aus Heuschrecken den Himmel verdunkeln, um sich von Neuem auf mich herabzusenken. Der Abend war heiter, das Licht flüssig und weich, die Erde regungslos, und ich, tief unten, das einzige Wesen, das sich bewegte.

Der Schwager

Er war so still, so klein und so dünn, dass er kaum da war. Der Schwager. Wessen Schwager, das wussten sie nicht. Auch nicht, woher er kam, oder ob er wieder fortgehen würde.

Sie wussten nicht, wo er nachts schlief, obwohl sie nach einer Vertiefung in der Couch oder nach einer Unordnung bei den Handtüchern suchten. Er hinterließ keinerlei Geruch.

Er blutete nicht, er weinte nicht, er schwitzte nicht. Er war trocken. Selbst der Urin, den er ausschied, floss aus seinem Penis – beinahe bevor er aus ihm herauskam – in die Toilette, wie die Kugel aus einer Schusswaffe.

Sie sahen ihn kaum: Wenn sie ein Zimmer betraten, war er wie ein Schatten verschwunden, schlängelte um den Türrahmen herum, schlüpfte über die Schwelle. Ein Atemzug war alles, was sie je von ihm hörten, und selbst da noch konnten sie nicht sicher sein, dass es nicht eine leichte Brise war, die über den Kies vor dem Haus strich.

Er konnte sie nicht bezahlen. Er ließ jede Woche Geld da, aber wenn sie in ihrer langsamen, lärmenden Art den Raum betraten, war das Geld bloß ein grüner und silberner Dunststreifen auf der flachen Schale ihrer Großmutter, und wenn sie dann danach griffen, war es nicht mehr da.

Aber er kostete sie kaum einen Penny. Sie konnten nicht einmal sagen, ob er aß, weil er so wenig nahm, dass es für sie, die großen Esser, so gut wie nichts war. In der Nacht kam er von irgendwo heraus und schlich mit einem scharfen Rasiermesser in seiner weißen, feingliedrigen Hand in der Küche herum und schabte hauchdünne Scheiben vom Fleisch, von Nüssen, vom Brot, bis sich sein papierdünner Teller für ihn schwer anfühlte. Er füllte seine Tasse mit Milch, aber die Tasse war so klein, dass in ihr nicht mehr als zwei oder drei Fingerhut Platz hatten.

Er aß manierlich und ohne ein Geräusch zu machen, er ließ keinen Tropfen aus seinem Mund fallen. Wo er seine Lippen mit der Serviette abtupfte, blieb keine Spur zurück. Auf seinem Teller war kein Klecks, auf seinem Tischset kein Krümel, in seiner Tasse keine Spur von Milch.

Er wäre vielleicht noch Jahre geblieben, wäre ihm ein Winter nicht zu streng gewesen. Aber er ertrug die Kälte nicht und fing an, sich aufzulösen. Über lange Zeit waren sie nicht sicher, ob er überhaupt noch im Haus war. Mit Gewissheit ließ sich das nicht feststellen. Doch in den ersten Frühlingstagen machten sie das Gästezimmer sauber, in dem er rechtmäßig geschlafen hatte und wo von ihm nun nicht mehr übrig war als eine Art Dunsthauch. Sie schüttelten ihn aus den Matratzen, kehrten ihn vom Boden auf, wischten ihn von der Fensterscheibe und wussten nie, was sie erledigt hatten.

Wie W. H. Auden die Nacht im Haus eines Freundes verbringt:

Das Haus still, die Straßen dunkel, die Kälte, die durch seine Bettüberzüge dringt – als Einziger, der wach ist, möchte er ungern seine Gastgeber stören, und dementsprechend zunächst die Embryonalstellung, die Suche nach einer warmen Vertiefung in der Matratze …

Danach sein heimlicher Streifzug durch das Stockwerk auf der Suche nach einem Stuhl, um sich darauf zu stellen, und sein unsicherer Griff nach den Vorhängen, die er über die anderen Decken auf seinem Bett legt …

Seine Zufriedenheit mit der neuen Last, die auf ihn niederdrückt, danach sein friedlicher Schlaf …

Bei einer anderen Gelegenheit stiehlt sich dieser schlaflose Besucher, dem schon wieder kalt ist und der keinen Vorhang in seinem Zimmer vorfindet, hinaus und hebt in der gleichen Absicht den Teppich in der Diele hoch, beugt und streckt sich abwechselnd im schwach beleuchteten Flur …

Wie sehr sich dessen Gewicht auch wie eine schwere Hand auf ihn legt und der Staub seine Nase verklebt – das ist alles nichts im Vergleich dazu, wie sehr der Teppich sein Unbehagen mildert …

Mütter

Jeder Mensch hat irgendwo eine Mutter. Eine Mutter sitzt mit uns beim Abendessen. Sie ist eine kleine Frau und hat so dicke Brillengläser, dass sie einem schwarz erscheinen, wenn sie ihren Kopf zur Seite dreht. Dann ist während des Essens die Mutter der Gastgeberin am Telefon. Deshalb bleibt die Gastgeberin länger als erwartet vom Tisch fern. Kann gut sein, dass diese Mutter in New York ist. Die Mutter eines Gastes wird während der Unterhaltung erwähnt: Diese Mutter ist in Oregon, einem Staat, von dem wenige von uns etwas wissen, obwohl ein Verwandter schon dort lebte. Danach fällt im Auto der Name eines Choreografen. Er verbringt die Nacht in der Stadt, tatsächlich ist er auf dem Weg, um seine Mutter zu sehen, und das wiederum in einem anderen Staat.

Wenn Mütter zum Dinner eingeladen sind, greifen sie ordentlich zu – wie Kinder –, sind aber scheinbar abwesend. Es passiert oft, dass sie dem, was wir tun oder sagen, nicht folgen können. Es passiert auch oft, dass sie nur dann ins Gespräch einsteigen, wenn es um unsere Jugend geht; oder sie schweifen ab, wo Abschweifen unerwünscht ist, lächeln und werden missverstanden. Und doch werden Mütter immer besucht und immer angesprochen, und sei's auch nur in den Ferien. Sie haben um unseretwillen gelitten, und das zumeist an einem Ort, an dem wir sie nicht sehen konnten.

In einem belagerten Haus

Ein Mann und eine Frau lebten in einem belagerten Haus. Von der Stelle in der Küche, an der sie sich hingekauert haben, hörten der Mann und die Frau kleine Explosionen. »Der Wind«, sagte die Frau. »Jäger«, sagte der Mann. »Der Regen«, sagte die Frau. »Die Armee«, sagte der Mann. Die Frau wollte nach Hause, aber sie war schon zu Hause, hier, inmitten eines Landes in einem belagerten Haus.

Besuch bei ihrem Ehemann

Sie und ihr Ehemann sind so nervös, dass sie während ihrer Unterhaltung ständig ins Badezimmer gehen, die Tür zumachen und die Toilette benutzen. Dann kommen sie heraus und zünden sich eine Zigarette an. Er geht hinein und uriniert und lässt den Klodeckel oben, und sie geht hinein, klappt ihn hinunter und uriniert. Gegen Ende des Nachmittags reden sie nicht mehr über die Scheidung und fangen mit Trinken an. Er trinkt Whiskey, und sie trinkt Bier. Als es für sie Zeit ist aufzubrechen, damit sie ihren Zug erreicht, hat er eine Menge getrunken und geht ein letztes Mal aufs Klo, um zu urinieren, und macht sich nicht die Mühe, die Tür zu schließen.

Als sie sich bereit machen zu gehen, fängt sie an, ihm die Geschichte zu erzählen, wie sie ihren Geliebten kennengelernt hat. Während sie redet, bemerkt er, dass er einen seiner teuren Handschuhe verloren hat, und ist sofort aus der Fassung und verstört. Er lässt sie stehen, um im Erdgeschoss nach seinem Handschuh zu suchen. Ihre Geschichte ist halb zu Ende erzählt, und er findet seinen Handschuh nicht. Er interessiert sich noch weniger für ihre Geschichte, als er zurück ins Zimmer kommt, ohne seinen Handschuh gefunden zu haben. Als sie später zusammen auf der Straße gehen, erzählt er ihr freudestrahlend, dass er seiner Freundin Schuhe für achtzig Dollar gekauft hat, weil er sie so sehr liebt.

Als sie wieder alleine ist, beschäftigt es sie so sehr, was während des Besuchs bei ihrem Mann passiert ist, dass sie sehr schnell durch die Straßen geht und in der U-Bahnstation und im Bahnhof mehrmals mit Leuten zusammenstößt. Sie hat sie nicht einmal wahrgenommen, sondern ist so plötzlich wie eine Naturgewalt über sie hereingebrochen, dass diese gar keine Zeit hatten, ihr auszuweichen, und sie war überrascht, dass sie überhaupt da waren. Ein paar Leute sehen ihr nach und sagen: »Mein Gott!«

In der Küche ihrer Eltern versucht sie später, ihrem Vater etwas von den Schwierigkeiten ihrer Scheidung zu erklären, und ist verärgert, dass er das nicht versteht, und am Ende ihrer Erklärungen wird ihr dann plötzlich bewusst, dass sie eine Orange isst, obwohl sie sich nicht daran erinnern kann, dass sie sie geschält hat oder überhaupt essen wollte.

Kakerlaken im Herbst

Auf dem weiß gestrichenen Riegel einer Tür, die nie geöffnet wird, ein dicker Streifen aus winzigen schwarzen Körnchen – der Kot von Kakerlaken.

Sie nisten in den Kaffeefiltern, in den Regalen aus Korbweide und in dem Spalt über der Tür, wo man im Licht der Taschenlampe den Wald der hin- und herlaufenden Beine sieht.

Boote lagen windschief verstreut auf dem Wasser in der Nähe von Dover Harbor –, wie die Kakerlaken, die man nachts in der Küche überrascht, bevor sie verschwinden.

Die jüngsten sind so klug, so lebhaft, so willig.

Sie sieht die Hand herunterkommen und läuft in die Gegenrichtung. Der Weg ist zu weit, oder sie ist nicht schnell genug. Zugleich bewundern wir einen solchen Lebenswillen.

Ich bin wachsam, wenn es um kleine Dinge geht, die sich bewegen, und fahre herum, in Richtung eines durch die Luft treibenden Staubkörnchens. Ich bin wachsam, wenn ich dunklere Punkte vor einem helleren Hintergrund sehe, aber es sind bloß die Rosen auf meinem Kissenüberzug.

Eine erste herbstliche Ruhe am Abend. Die Fenster der Nachbarn sind geschlossen. Von den Fensterscheiben zieht Kälte in den Raum. Hinter einer Geschirrschranktür hocken sie in einer langen Box und essen Spaghetti.

Die Ruhe des Todes: Wenn sich das kleine Geschöpf angesichts der sich herabsenkenden Hand nicht von der Stelle rührt.

Wir empfinden Hochachtung vor derart flinken Mistkerlen, derart schnellen Flitzern, derart cleveren Dieben.

Aus dem Inneren einer weißen Papiertüte dringt das Geräusch eines kratzenden Lebewesens – ein einzelnes Lebewesen, denke ich. Aber als ich die Tüte leere, stiebt eine ganze Menge von ihnen vom Kanten eines Roggenbrots auseinander – wie Roggensamen quer über der Küchentheke, wie Rosinen.

Fett, körperlich halb entwickelt, mit einem schwärzlich-glänzenden Rücken, hält sie in überstürzter Eile inne und versucht beinahe gleichzeitig ein paar andere Bewegungen – ein Autoscooter, der auf dem Abtropfbrett auf der Stelle ruckelt und hochschnellt.

Hier, in dem Spalt oberhalb der Tür, wo sie sich auf ihren Beinen hin und her bewegen, wissen viele von ihnen, dass wir uns hinter dem Strahl der Taschenlampe befinden.

In dem Augenblick, in dem sie zögert, erkennst du in ihr ein intelligentes Geschöpf. Dessen bist du dir sicher: Zwischen ihrem Warten und ihrem Richtungswechsel hatte sie einen Gedankenblitz.

Sie fressen, hinterlassen aber keine Spur – denken wir. Doch da, am Rand des Blattes, kleine, sichelförmige Bissspuren – Biss um Biss.

Sie ist wie ein dicker werdender Schatten. Schau hin, wie der Schatten am Spalt eines Fensters dicker wird, aus der Wand hervorkommt – und schon ist sie weg!

In der Ungezieferfalle kleben fünf oder sechs von ihnen fest – wie festgefroren in schiefen Winkeln, voller Leben in einer unheimlichen Starre, wirken sie in diesem Behälter wie das Puppentheater eines Kindes.

Wie angetan ich von dieser anderen Spezies Insekten in dem Haus bin! Seine hauchdünnen Flügel! Seine Panik. Sein tollpatschiger Marsch den Lampenschirm herunter! Es denkt nicht dran, wegzulaufen!

Am Ende der Mahlzeit wurden die Käsesorten aufgetragen. Alle bis auf den Roquefort sind weiß, liegen schief verteilt auf dem Brett. Wie grasende Kühe oder Schiffe auf dem Meer.

Nach einer Woche hole ich ein im Backofen vergessenes Stück Brot heraus, dem sie einen Besuch abgestattet haben – nun ist es trocken, durchlöchert wie braune Spitze.

Das weiße Herbstlicht am Nachmittag. Sie schlafen hinter Kinderzeichnungen an der Küchenwand. Ich tippe auf jedes Stück Papier, und sie kommen einzeln hinter den Ecken der Bilder hervor, die ohnehin schon von Sternschnuppen, Raketengeschossen, Maschinengewehren, Landminen übersät sind …

Die Gräte

Vor vielen Jahren lebten mein Mann und ich in Paris und übersetzten Kunstbücher. Alles, was wir verdienten, gaben wir für Kino und Essen aus. Wir sahen uns hauptsächlich alte amerikanische Filme an, die dort sehr beliebt waren, und aßen häufig auswärts, weil das Essen in Restaurants damals billig war und weil keiner von uns beiden besonders gut kochen konnte.

Dennoch machte ich eines Abends zum Essen ein paar Fischfilets. Eigentlich sollten diese Filets keine Gräten haben, trotzdem musste in einem von ihnen eine kleine Gräte gesteckt haben, weil mein Mann sie schluckte, sodass sie in seinem Hals stecken blieb. Das war weder ihm noch mir jemals passiert, obwohl wir uns deshalb immer Sorgen gemacht hatten. Ich gab ihm Brot zu essen, und er trank viele Gläser Wasser, aber die Gräte steckte wirklich fest und rührte sich nicht von der Stelle.

Nach ein paar Stunden, in denen die Schmerzen immer heftiger wurden und mein Mann und ich uns immer mehr Sorgen machten, verließen wir unsere Wohnung und gingen hinaus in die dunklen Straßen von Paris, um Hilfe zu suchen. Man lotste uns zunächst in das ebenerdige Apartment einer Krankenschwester, die nicht weit weg wohnte, und diese schickte uns dann in eine Klinik. Wir gingen ein Stück und fanden die Klinik in der Rue de Vaugirard. Sie war alt und ziemlich dunkel, so als liefe der Betrieb unterdessen auf Sparflamme.

Drinnen wartete ich in einem geräumigen Flur in der Nähe des Eingangs auf einem Klappstuhl, während mein Mann nebenan, hinter einer verschlossenen Tür, umgeben von mehreren Schwestern saß, die ihm helfen wollten, aber nicht mehr tun konnten als seinen Hals zu befeuchten, zurückzutreten und loszulachen, und auch er lachte, so gut er eben konnte. Ich wusste nicht, worüber sie alle lachten.

Schließlich kam ein junger Arzt und führte meinen Mann und mich durch mehrere lange, menschenleere Korridore und an zwei Seiten des dunklen Klinikgeländes entlang zu einem leer stehenden Flügel, in dem sich ein weiteres Behandlungszimmer befand, wo er seine Spezialinstrumente aufbewahrte. Jedes Instrument war in einem anderen Winkel gekrümmt, aber alle hatten am Ende eine Art Haken. Unter einem einsamen Lichtkegel führte er in dem verdunkelten Raum mit unerschütterlichem Eifer und Begeisterung ein Instrument nach dem anderen in den Hals meines Mannes ein. Jedes Mal, wenn er ein neues Instrument hineinsteckte, schnürte es meinem Mann die Kehle zusammen, und er wedelte mit seinen Händen in der Luft.

Schließlich zog der Arzt die kleine Gräte heraus und zeigte sie stolz in die Runde. Wir drei lächelten und beglückwünschten einander.

Der Arzt brachte uns durch die leeren Korridore zurück und hinaus, unter der überwölbten Einfahrt hindurch, die erbaut worden war, um die Pferdekutschen unterzubringen. Wir standen da und unterhielten uns kurz und sahen uns die leeren Straßen der Umgebung an, dann gaben wir einander die Hände, und mein Mann und ich gingen nach Hause.

Seit damals sind über zehn Jahre verstrichen, und mein Mann und ich sind getrennte Wege gegangen, aber ab und zu, wenn wir zusammen sind, erinnern wir uns an den jungen Arzt. »Ein großartiger jüdischer Arzt«, sagt mein Mann, der selbst Jude ist.

Ein paar Dinge, die bei mir nicht in Ordnung sind

Er sagte, es gebe Dinge an mir, die ihm vom allerersten Augenblick an nicht gefallen hätten. Er sagte das nicht unfreundlich. Er ist kein unfreundlicher Mensch, zumindest nicht absichtlich. Er sagte es, weil ich ihn dazu gedrängt habe, mir zu erklären, weshalb er seine Meinung über mich so plötzlich geändert habe.

Ich könnte seine Freunde fragen, was sie darüber denken, weil sie ihn besser kennen als ich. Sie kennen ihn seit über fünfzehn Jahren, wohingegen ich ihn erst seit etwa zehn Monaten kenne. Ich mag sie, und offenbar mögen sie mich auch, obwohl wir einander nicht besonders gut kennen. Was ich mir wünschen würde, wäre, mit wenigstens zwei von ihnen auf ein Essen oder einen Drink zu gehen und über ihn zu reden, bis ich ein besseres Bild von ihm bekommen habe.

Es ist leicht, falsche Schlüsse über Menschen zu ziehen. Mir ist jetzt klar, dass ich in all den vergangenen Monaten immer wieder falsche Schlüsse über ihn gezogen habe. Ein Beispiel: wenn ich dachte, er würde unfreundlich zu mir sein, war er freundlich. Dann wiederum war er bloß höflich, wenn ich dachte, er sei überschwänglich. Wenn ich dachte, er sei es überdrüssig, meine Stimme am Telefon zu hören, dann freute es ihn. Wenn ich dachte, er stelle sich gegen mich, weil ich ihn eher kühl behandelt hatte, war er mehr denn je darauf aus, mit mir zusammen zu sein, und scheute keine Mühe und keine Kosten, damit wir ein wenig Zeit miteinander verbringen konnten. Und als ich schließlich zu dem Schluss kam, er sei der Mann für mich, machte er plötzlich Schluss.

Es kam für mich überraschend, obwohl ich während des letzten Monats spürte, dass er sich von mir zurückzog. So schrieb er zum Beispiel nicht so oft wie früher, und wenn wir dann zusammen waren, sagte er mir mehr unfreundliche Sachen ins Gesicht als je zuvor. Als er wegging, wusste ich, dass er es sich überlegen wollte. Er nahm sich einen Monat Zeit, um darüber nachzudenken, und ich wusste, es stand fünfzig-fünfzig, dass er schlussendlich das sagen würde, was er dann sagte.

Vermutlich kam es mir wohl wegen meiner Hoffnungen überraschend vor, die ich in ihn und mich selbst gesetzt hatte, und wegen dem, was ich mir unseretwegen erträumt hatte – eine Reihe von Allerweltsträumen: von einem netten Haus und süßen Babys und von unserem gemeinsamen Leben in diesem Haus, wo wir am Abend arbeiteten, während die Babys schliefen, und dazu ein paar weitere Träume – wie wir gemeinsam reisen, und wie ich Banjo oder Mandoline zu spielen lernen würde, damit ich ihn begleiten konnte, weil er einen wunderbaren Tenor hat. Wenn ich mir heute ausmale, wie ich Banjo oder die Mandoline spiele, dann kommt mir diese Idee albern vor.

Geendet hat alles damit, dass er mich an einem Tag anrief, an dem er mich normalerweise nicht anrief, und sagte, er habe endlich eine Entscheidung getroffen. Dann sagte er, er habe, weil es ihm solche Schwierigkeiten bereitet habe, sich über alles klar zu werden, ein paar Notizen gemacht, was er sagen wollte, und er fragte mich, ob ich etwas dagegen hätte, wenn er sie vorläse. Ich sagte, ich hätte sehr viel dagegen. Er sagte, er würde zumindest hin und wieder einen Blick auf sie werfen müssen, während er spreche.

Dann erklärte er auf sehr vernünftige Weise, wie schlecht die Chancen für uns stünden, gemeinsam glücklich zu werden, und darüber, dass wir jetzt, bevor es bereits zu spät sei, Freunde werden sollten. Ich sagte, er rede über mich, als wäre ich ein alter Autoreifen, dem auf dem Highway die Luft ausgehen könnte. Er fand das lustig.

Wir redeten darüber, was er für mich zu bestimmten Zeiten empfunden hätte, und was ich zu bestimmten Zeiten für ihn empfunden hätte, und dass es so aussah, als hätten diese Gefühle nicht besonders gut zusammengepasst. Als ich dann genau wissen wollte, was er ganz am Anfang von mir dachte, um herauszufinden, welches seiner Gefühle während der ganzen Zeit wirklich am stärksten gewesen war, stellte er ganz nüchtern fest, es gebe an mir Seiten, die er vom ersten Augenblick an nicht gemocht habe. Er wollte nicht unfreundlich sein, sondern bloß ganz offen. Ich sagte zu ihm, ich würde ihn nicht fragen, welche Seiten das gewesen seien, aber ich wusste, dass es mir keine Ruhe lassen und ich darüber nachdenken würde.

Ich hörte es nicht gerne, dass es an mir Seiten gab, die ihm auf die Nerven gingen. Es war für mich ein Schock zu hören, dass jemand, den ich liebte, bestimmte Seiten an mir nie hatte leiden können. Natürlich gab es auch an ihm ein paar Dinge, die ich nicht leiden konnte, zum Beispiel das affektierte Gehabe, mit dem er in seinen Gesprächen fremdsprachige Wendungen einflocht, aber obwohl ich diese Dinge bemerkt hatte, hatte ich ihm das nie auf diese Art und Weise gesagt. Doch wenn ich versuche, logisch darüber nachzudenken, dann muss ich mir eingestehen, dass es letztlich sehr wohl ein paar Dinge geben mag, die mit mir nicht in Ordnung sind. Das nächste Problem ist, herauszufinden, welche Dinge das sind.

Nachdem wir miteinander gesprochen hatten, dachte ich mehrere Tage lang darüber nach, und es fielen mir mehrere Dinge ein. Vielleicht redete ich nicht genug. Er redet gerne viel und mag andere Leute gerne, die viel reden. Ich bin nicht sehr gesprächig, zumindest nicht so, wie er es vielleicht gern hätte. Von Zeit zu Zeit habe ich ein paar gute Ideen, aber nicht viel an Informationen. Ich kann nur dann längere Zeit am Stück reden, wenn es sich um etwas Langweiliges handelt. Vielleicht habe ich zu viel darüber geredet, was er essen soll. Ich mache mir Gedanken über die Essgewohnheiten von Menschen und sage ihnen, was sie essen sollten, und das nervt, und auch mein Ex-Mann konnte das nicht leiden. Vielleicht habe ich auch zu oft meinen Ex-Mann erwähnt, sodass er dachte, ich beschäftigte mich noch immer zu sehr mit meinem Ex-Mann, was nicht wahr war. Vielleicht hatte es ihn auch irritiert, dass er mich auf der Straße nicht küssen konnte, weil er befürchtete, meine Brille könnte ihn am Auge verletzen – oder aber es missfiel ihm gar, mit einer Brillenträgerin zusammen zu sein, und vielleicht gefiel es ihm auch nicht, mir immer nur durch dieses blaugetönte Glas in die Augen sehen zu können. Vielleicht mochte er auch keine Leute, die sich Dinge auf Karteikarten aufschreiben, Diätpläne auf kleine Karteikarten und Inhaltsangaben auf große Karteikarten. Ich mag das selbst auch nicht besonders, und ich tu's auch nicht immer. Es ist bloß eine Möglichkeit, mein Leben in Ordnung zu bringen. Aber vielleicht sind ihm ein paar dieser Karteikarten in die Finger gekommen.

Noch mehr, das ihn von Anfang an hätte stören können, fiel mir nicht ein. Dann kam ich zu dem Schluss, dass ich es niemals schaffen würde, mir die Dinge auszudenken, die ihn an mir stören könnten. Worauf ich auch immer kam, die gleichen Dinge wären es wahrscheinlich nicht. Und überhaupt: Ich hatte nicht vor, diese Dinge in Zukunft weiterhin herauszufinden, denn selbst wenn ich wusste, welche es waren, ich würde ohnehin nichts an ihnen ändern können.

Später im Gespräch versuchte er mir zu sagen, wie begeistert er von seinem neuen Plan für den Sommer sei. Nun, da er nicht mit mir zusammen sein würde, dachte er daran, nach Venezuela zu reisen, um ein paar Freunde zu besuchen, die im Dschungel anthropologische Studien machten. Ich erklärte ihm, ich wolle davon nichts hören.

Während wir miteinander telefonierten, trank ich etwas von dem Wein, der von einer großen Party, die ich gegeben hatte, übrig war. Nachdem wir aufgelegt hatten, griff ich sofort wieder nach dem Hörer und machte eine Reihe von Anrufen, und während ich redete, leerte ich eine der übrig gebliebenen Flaschen Wein und nahm mir eine weitere vor, deren Wein süßer war als der erste, und leerte dann auch diese. Zunächst rief ich ein paar Leute hier in der Stadt an, dann, als es dafür zu spät war, rief ich ein paar Leute in Kalifornien an, und als es für Anrufe in Kalifornien zu spät wurde, rief ich jemanden in England an, der eben erst aufgewacht und nicht besonders gut aufgelegt war.

Zwischen einem Anruf und dem nächsten ging ich hin und wieder zum Fenster und sah zum Mond hinauf, der erst zu einem Viertel voll war, aber auffällig hell, und dachte an ihn und fragte mich dann, wann ich denn aufhören würde, jedes Mal, wenn ich den Mond sah, an ihn zu denken. Der Grund, weshalb ich an ihn dachte, wenn ich den Mond sah, war, dass dieser während der ersten fünf Tage und vier Nächte, die wir zusammen waren, zunahm und dann voll wurde, es waren klare Nächte, und wir waren auf dem Land, wo man den Himmel deutlicher wahrnimmt, und jede Nacht gingen wir, egal, ob früh oder spät, zusammen vors Haus, zum einen, weil wir den diversen Mitgliedern unserer Familien, die im Haus waren, entkommen wollten, zum anderen bloß, weil wir die Wiesen und die Wälder im Mondlicht genießen wollten. Der Feldweg, der vom Haus weg und in den Wald hinaufführte, war voller Furchen und Steine, sodass wir immer wieder stolpernd aneinanderstießen und noch enger in die Arme des anderen fielen. Wir redeten darüber, wie schön es wäre, ein Bett auf die Wiese zu stellen und sich im Mondlicht darauf hinzulegen.

Beim nächsten Vollmond war ich wieder zurück in der Stadt und blickte durch das Fenster einer neuen Wohnung auf den Mond hinaus. Ich dachte daran, dass es einen Monat her war, seitdem er und ich zusammen waren, und dass er sehr langsam vergangen war. Danach dachte ich bei jedem Vollmond, der auf die belaubten großen Bäume in den Hinterhöfen draußen und auf die flachen geteerten Dächer und dann hinaus auf die nackten Bäume und den verschneiten Winterboden schien, dass ein weiterer Monat vergangen war, manchmal schnell und manchmal langsam. Es gefiel mir, die Monate auf diese Art und Weise zu zählen.

Er und ich – wir schienen immer zu messen, wie schnell die Zeit verging, und darauf zu warten, dass sie verging, damit der Tag käme, an dem wir wieder zusammen wären. Das war einer der Gründe, weshalb er sagte, dass es mit uns nicht mehr weitergehen könne. Und vielleicht hat er recht, und es ist nicht zu spät, wir werden Freunde sein, und er wird dann und wann mit mir ein Ferngespräch führen, hauptsächlich über seine oder meine Arbeit, und mir einen guten Rat geben oder den Plan für einen Plot, wann immer ich einen brauchte, und sich dann selbst als etwas wie meine »éminence grise« bezeichnen.

Als ich mit meinen Anrufen aufhörte, war ich wegen des Weins zu beduselt, um schlafen zu gehen, und schaltete also den Fernseher ein und sah mir irgendwelche Polizeifilme an, ein paar alte Sitcoms und zum Schluss eine Sendung über auffällige Menschen im ganzen Land. Ich schaltete den Fernseher um fünf Uhr morgens aus, als der Himmel hell war, und schlief auf der Stelle ein.

Es stimmt, dass ich mir, als die Nacht zu Ende ging, nicht

mehr den Kopf darüber zerbrach, was mit mir nicht ins Ordnung sei. Um diese Zeit am Morgen rette ich mich gewöhnlich ans Ende von etwas wie einem langem Dock, das von allen Seiten von Wasser umgeben ist und wo mir solche Sorgen nichts ausmachen können. Aber sei's an diesem oder dem nächsten oder übernächsten Tag, immer kommt dann der Zeitpunkt, an dem ich mir einmal oder wieder und wieder diese schwierige Frage stelle, eine sinnlose Frage, weil nicht ich diejenige bin, die sie beantworten kann, und weil jeder, der es dennoch versucht, mit einer anderen Antwort herausrückt, obwohl natürlich alle Antworten zusammengenommen die richtige ergeben könnten, wenn es denn so etwas wie eine richtige Antwort auf eine solche Frage gibt.

Skizzen aus dem Leben von Wassilly

1

Wassilly war ein Mann, der viele Seiten hatte: wechselhaft, launisch, manchmal anspruchsvoll, dann wieder stumpfsinnig, manchmal nachdenklich, manchmal ungeduldig. Da er kein Gewohnheitsmensch war, obwohl er es gerne gewesen wäre, versuchte er, Gewohnheiten zu kultivieren, war überglücklich, wenn er etwas fand, das ihm, für eine gewisse Zeit, als unbedingt notwendig erschien und in sich das Potential hatte, zur Gewohnheit zu werden.

Eine Zeit lang saß er jeden Abend nach dem Essen in seinem Ohrensessel und fand das angenehm. Früher bereitete es ihm größtes Vergnügen, eine Pfeife mit wohlriechendem Tabak zu rauchen und darüber nachzudenken, was er während des Tages so alles erlebt hatte. Am nächsten Abend aber litt er an Blähungen und konnte nicht still sitzen; auch ging die Pfeife ständig aus; aus irgendeinem Grund flackerten die Lampen in einem fort, ihr Licht wurde schwächer, und nach einer Weile hörte er auf, so zu tun, als würde er in Muße vor sich hin sinnieren.

Ein paar Monate später befand er, ein Spaziergang nach dem Abendessen sei ebenfalls eine gängige Beschäftigung und könnte leicht zu einer Gewohnheit werden. Viele Tage lang verließ er sein Haus zu einer bestimmten Uhrzeit, wanderte durch die Straßen der Umgebung und rief dabei erfolgreich in sich die Stimmung ruhevoller Kontemplation wach, blickte den Schwalben nach, die über den Fluss und an den roten, sonnenlichtüberfluteten Häuserfronten entlangflossen, und leitete aus dem Beobachteten das eine oder andere fragwürdige wissenschaftliche Prinzip ab; oder er dachte über die Leute nach, die auf der Straße neben ihm her gingen. Aber auch das wurde nicht zur Gewohnheit; zu seiner großen Enttäuschung musste er feststellen, dass er das Spazierengehen schlichtweg langweilig fand, nachdem er einmal sämtliche möglichen Routen ausgeschöpft hatte, die eine Gehstunde von seinem Haus entfernt waren, und dass es, anstatt seiner körperlichen Verfassung förderlich zu sein, eine Magenverstimmung verursachte, die ausreichte, dass er sich nach seiner Rückkehr nach Hause mit ein paar Tabletten behandeln musste. Er stellte die Spaziergänge ganz ein, als seine Schwester unerwartet zu Besuch kam, und er nahm sie auch nicht wieder auf, nachdem sie wieder weg war.

Wassilly war wissbegierig, und doch konnte er sich manchmal tagelang nicht dazu durchringen zu studieren, sondern schlich auf leisen Sohlen in eine Ecke, wie um seinem eigenen sorgenvollen Blick auszuweichen, und verbrachte lange Zeit gebeugt über einem Kreuzworträtsel. Das machte ihn reizbar und unleidlich. Er versuchte die Rätsel in ein positiveres Licht zu rücken, indem er sie zu einem Teil seiner Selbsterziehung machte. Drei Tage lang testete er sich im Wettlauf gegen die Uhr: An einem Tag löste er den Großteil eines Rätsels binnen zwanzig Minuten, das ganze Rätsel innerhalb zwanzig Minuten am Tag darauf, und dann, am dritten Tag, binnen zwanzig Minuten so gut wie gar nichts. An diesem Tag änderte er die Regeln und versuchte, am jeweils gleichen Tag das Rätsel zu lösen, egal, wie lange er dazu brauchen würde. Er sah den Zeitpunkt deutlich vor sich, an dem er ein Meister des Spiels geworden wäre. Zu diesem Zweck legte er ein Notizbuch an, in das er alle seltsamen Wörter eintrug, die in den Rätseln regelmäßig vorkamen und die er ansonsten so schnell wieder vergaß, wie er sie gelernt hatte, wie zum Beispiel: »*stoa:* griech. Säulengang«. Auf diese Art und Weise redete er sich ein, er lerne sogar etwas von den Rätseln, und während ein paar wunderbarer Stunden sah er, wie sich seine niederen Neigungen mit seinen höheren Lebenszielen verbanden.

Seine Widersprüchlichkeit. Seine Unfähigkeit, etwas zu Ende zu bringen. Das plötzliche grauenerregende Gefühl, nichts, was er tat, zählte. Seine wiederholte Erkenntnis, dass das, was draußen in der Welt geschah, wesentlicher sei als irgendein Ereignis in seinem Leben.

Manchmal überkam Wassilly die leise Ahnung, die Langeweile, unter der er litt, gehe tiefer, als er sich das überhaupt nur vorzustellen vermochte. Zu solchen Zeiten grübelte er über die jährlichen Zuwendungen nach, die er von seinem Vater erhielt: Vielleicht war das das größte Unglück, das ihm jemals widerfahren war; es könnte vielleicht sein restliches Leben ruinieren. Und doch war die hartnäckige Hoffnung, dass die Dinge nicht so schlimm sein würden, wie es schien, das Einzige, worüber sich Wassilly sicher sein konnte.

Seine Wirkung auf die Welt war möglicherweise erstaunlich.

2

Wassillys wenige echten Erfolge ließen ihn kalt. Oder, richtiger: Er fand es unerträglich, einen Blick auf einen Artikel zu werfen, den er publiziert hatte, und ließ seine persönlichen Exemplare des Magazins von Kaffeeflecken besudeln und an den Ecken Knicke bekommen. Er hatte kein Gefühl dafür, dass sein gedruckter Name wirklich seiner war oder dass die

Worte auf der Seite wirklich aus seiner eigenen Feder stammten. Seine Schwester verstärkte dieses Gefühl noch, indem sie über das, was er ihr zuschickte, kein Sterbenswort verlor und ihn auch genau so behandelte, wie sie es immer tat – als einen liebenswürdigen, aber nutzlosen Menschen –, wogegen er meinte, seine Leistungen hätten ihn bei ihr in ein neues Licht setzen sollen. In einer Art Vergeltungsmaßnahme schrieb er ihr gelegentlich lange, tiefernste und sorgfältig formulierte Briefe, in denen er sich über ihr Privatleben kritisch äußerte. Diese erwähnte sie aber erst Monate später, und das nur beiläufig.

Nicht nur, dass sein gedruckter Name und seine Werke die eines anderen zu sein schienen, vielmehr bereitete ihm alles, was er schrieb, wenig Freude. War es einmal abgeschlossen, so hatte er keine Kontrolle mehr darüber: es gehörte in ein Niemandsland. Es war gleichgültig. Es sagte ihm nichts mehr. Er wollte stolz auf sich sein, fühlte sich aber nur schuldig – dass er nicht mehr oder nicht besser gearbeitet hatte. Er beneidete Leute, die sich vornahmen, ein Buch zu schreiben, es schrieben und mit ihm zufrieden waren, und die es, nach seiner Veröffentlichung, noch einmal mit Vergnügen durchlasen, um sich unbeschwert ihrem nächsten Projekt zuzuwenden. Er hatte bloß das Gefühl, vor ihm liege eine furchterregende Leere, ein Loch, wo eigentlich Pläne hätten sein sollen, und sein gesamtes Werk verdankte sich plötzlichen Anstößen.

3

Wassilly war so überaus gehemmt, dass ihn hin und wieder selbst die sanften Augen seiner Hündin vor Verlegenheit erröten ließen, wenn er ihre Aufmerksamkeit durch irgendeine stupide Handlung auf sich zu ziehen versuchte. Telefonierte er mit Freunden, dann legte er das, was sie sagten, völlig unsinnig aus und antwortete ihnen mit linkischen Bemerkungen, sodass sie perplex waren und gereizt reagierten.

Im Beisein von Fremden sprach er, aus Angst, seine Bemerkungen würden missverstanden werden, so leise, dass man ihn nicht verstand. Sein Selbstvertrauen wurde außerdem dadurch geschwächt, dass die Leute jedes Mal, wenn er redete, verwirrt dreinblickten, weil sie das, was er sagte, zu verstehen versuchten, oder nicht einmal bemerkten, dass er etwas gesagt hatte.

Manchmal war er nicht sicher, ob er sich von einem Fremden verabschieden sollte oder nicht. Der Kompromiss war, zu flüstern und wegzuschauen.

Er wusste nicht genau, wann er sich nach einem Abendessen oder einer Party am Wochenende, zu der er eingeladen gewesen war, bei seiner Gastgeberin bedanken sollte. In seiner Unsicherheit bedankte er sich immer und immer wieder bei ihr. Es war, als glaubte er nicht, dass seine Worte Gewicht hätten, und als hoffte er, durch die Häufung jenen Effekt zu erzielen, den ein einziges Dankeschön nicht bewirken konnte.

Wassilly war von der Tatsache verunsichert, dass ihm diese gesellschaftlichen Umgangsformen nicht von Natur aus zur Verfügung standen, wie das bei anderen offenbar der Fall war. Er versuchte sie zu erlernen, indem er andere Leute genau beobachtete, und bis zu einem gewissen Grad hatte er auch Erfolg. Aber weshalb war das denn eine dermaßen komplizierte Sache? Hin und wieder fühlte er sich wie ein Wolfskind, das erst vor Kurzem zur menschlichen Gesellschaft gestoßen war.

4

Wassilly verliebte sich immer wieder. Selbst in die langweiligsten und plattesten Frauen, weil er da draußen auf dem Land so isoliert war, dass seine Einsamkeit schnell seinen anfänglichen Ekel überwand, und wenn er aus seinem Wahn erwachte, dann ekelte es ihn von Neuem, und er schämte sich.

Wassilly hatte eine vertrackte Beziehung zu der Verkäuferin im Lebensmittelladen. Durch ihr abweisendes Verhalten fühlte er sich beleidigt. Zu Hause steigerte er sich manchmal in einen Wutausbruch gegen sie und ließ sich in sarkastischen Bemerkungen lautstark über sie aus. Dann schämte er sich und bemühte sich um eine abgeklärtere Haltung, indem er sich ins Bewusstsein rief, dass sie bloß eine unattraktive Frau war, die in einer Kleinstadt in einem Lebensmittelladen arbeitete, jemand ohne Perspektiven, ohne Ideale, ohne Zukunft. Das brachte sein Gefühl für Verhältnismäßigkeit wieder ins Lot. Dann erinnerte er sich an einen bestimmten Tag im vergangenen Frühling. Für ein Wettschießen auf einem Hügel über der Stadt hatte sie sich mit einem weißen Hut herausgeputzt und hatte seine Anwesenheit nicht einmal mit einem Kopfnicken zur Kenntnis genommen, obwohl alle Leute um ihn herum in bester Stimmung waren. Und zu allem Überfluss hatte er auf ein Ziel auf der nächstgelegenen Hügelkuppe geschossen, und dabei hatte ihn der Rückprall seines Gewehrs schlimm an der Schulter verletzt. Alle hatten gelacht. Aber schließlich, sagte er sich, waren das alles erfahrene Jäger, und er nur ein dicker Intellektueller.

5

Es gab Tage, da lief nichts, wie es sollte – trotz seiner guten Absichten. Er verlegte alles, was er für die Arbeit benötigte – Füllfeder, Notizbuch, Zigaretten –, und wenn er sich hingesetzt hatte, wurde er ans Telefon gerufen, oder die Tinte ging ihm aus, oder er nahm die Arbeit wieder auf und wurde plötzlich hungrig, oder er wurde durch eine Panne in der Küche aufgehalten und war, wenn er sich wieder hinsetzte, zu abgelenkt, um nachzudenken.

Aber selbst nach einer Stunde erfolgreicher Arbeit war der Tag verloren: Er hatte das Gefühl, ein ertragreicher Nachmittag liege vor ihm, und da das Gefühl so stark war, machte er eine Pause und streckte im Garten seine Beine aus. Er blickte in den Himmel, und schon war seine Aufmerksamkeit durch einen ihm unbekannten Vogel abgelenkt, woraufhin er sein Vogelbuch zur Hand nahm und den Vogel über das verwilderte Ackerland außerhalb seines Gartens verfolgte, sich durchs Unterholz durchschlug, sich das Gesicht zerkratzte und auf seinen Socken Kletten versammelte. Wieder zu Hause, war er zu erhitzt und zu müde, um zu arbeiten, und mit einem Anflug von Schuldgefühl legte er sich hin, um sich auszuruhen und etwas Leichtes zu lesen.

6

Manchmal hatte Wassilly den Verdacht, er arbeite nur deshalb an seinen Artikeln, weil er gerne mit Füllfeder und schwarzer Tinte schrieb. Es gelang ihm zum Beispiel nicht, etwas Brauchbares mit einem Kugelschreiber zu schreiben. Und die Arbeit ging ihm nicht gut von der Hand, wenn er mit blauer Tinte schrieb. Wenn er mit seiner Schwester Gin Rommé spielte, zählte er gerne die Punkte zusammen – hatten sie aber bloß einen Bleistift zur Hand, dann überließ er das Zählen seiner Schwester.

Er verwendete seinen Füllhalter gerne auch für andere Dinge: Er machte auf weißen Papierstücken, die er zu einem kleinen Stoß übereinander schichtete, Listen. Auf einer Liste hielt er fest, woran er denken musste, wenn er seinen nächsten Besuch in der Stadt machte (Spaziergang durch die ärmeren Viertel, Fotografieren bestimmter Straßen), auf einer anderen eine Liste jene Dinge, die er erledigen musste, bevor er dem Land den Rücken kehrte (Besuch am See, einen Tagesspaziergang zu Fuß). Auf ein anderes Stück Papier hatte er einen provisorischen Zeitplan für den perfekten Tagesablauf geschrieben, mit den Zeiten, die er für Sport, für Arbeit, ernsthafte Lektüre und Korrespondenz reservierte. Außerdem hatte er eine Tabelle für Campingausrüstung mit einem Gewicht von weniger als vierzig Pfund angelegt, in der ein Schreibtisch und Kocher enthalten waren. Und es gab noch weitere Listen – beispielsweise solche von unlösbaren Problemen, auf die er im Zuge seiner Sprachstudien gestoßen war, samt Anregungen, wo die Antworten auf sie zu finden sein könnten (und die Liste mit dem, was er in der Stadt unbedingt zu erledigen hatte, ergänzte er dann noch mit: Besuch in der Bibliothek).

Aber statt dass sie sein Leben organisierten, verwirrten ihn die Listen nur. Wenn er an einer Liste arbeitete, musste er in ein bestimmtes Zimmer gehen, um einen Buchtitel oder das Erscheinungsjahr zu überprüfen, und vergaß, warum er dort hingegangen war, weil er von einem anderen unerledigten Projekt abgelenkt worden war. Er gab sich selbst viele unzusammenhängende Aufgaben, an die er sich nicht erinnern konnte, und rannte ganze Vormittage lang ziellos von Zimmer zu

Zimmer. Ein seltsamer Spagat zwischen Wollen und Handeln tat sich auf: Er saß an seinem Schreibtisch, vor seiner Arbeit, arbeitete aber nicht, er träumte von Perfektion in vielerlei Hinsicht, und das machte ihn ganz beschwingt. Aber wenn er einen Schritt in Richtung dieser Perfektion tat, stockte er angesichts ihrer Anforderungen. An manchen Morgen lastete das Gewicht der Entmutigung so schwer auf ihm, dass er nicht aus dem Bett hochkam, sondern lag den ganzen Tag dort und schaute dem Sonnenlicht zu, das quer über den Boden und die Wand hochwanderte.

7

Wassillys Selbstbild: Wassilly war ein außergewöhnlich gesunder, lebhafter und, was den Sport anging, furchtloser Junge gewesen – und so sah er sich immer noch. Auch wenn er das Opfer einer Vielzahl von Leiden wurde, die sich jahrelang beinahe ohne Pause ablösten, so beharrte er darauf, jedes Leiden als – für einen Menschen, der bei so guter Gesundheit war wie er – ungewöhnlich, ja sogar interessant anzusehen. Er wollte nicht zugeben, dass er gebrechlich wurde, bis seine Schwester eines Tages auf einen Sprung bei ihm vorbeikam, als er mit einem heftigen Sinusitisanfall im Bett lag, und sie in ihrer unverblümten Art sagte, dass ihr nie jemand begegnet sei, der so oft krank war.

Danach verlegte er sich eine Weile auf Yoga und machte jeden Morgen einen Schulterstand, da dieser, seinem Buch zufolge, »die Sinusse drainieren und gleichzeitig das Körpergewicht neu verteilen würde«. (Seine Haushälterin fand ihn so vor, wie er, das Kinn gegen die Schilddrüse gepresst, zu einer Falte in seinem Bauch hinaufstarrte.)

Er beschloss, gesünder zu essen und seinen Proteinbedarf hauptsächlich durch Yoghurt aufzunehmen.

In einem anderen Buch, das er zu Rate zog, hieß es, dass Vitamin D jenes Vitamin sei, das auf natürlichem Weg am schwierigsten aufgenommen werden könne, und dass es in den westlichen Ländern (der nördlichen Hemisphäre) in den Monaten Mai bis September und in der Zeit zwischen zehn und vierzehn Uhr durch Sonnenstrahlen auf dem Öl der Haut generiert werde. Dementsprechend setzte Wassilly die größten seiner Hautpartien am Morgen des ersten Mai der kraftlosen Sonne aus, indem er sich eine halbe Stunde lang zitternd in den Garten hinter seinem Haus legte, bis er es nicht mehr aushielt und aufgab. Später im Sommer beschloss er dann, Schulterstand und Sonnenbad zu kombinieren. Er ging zu Mittag hinaus und streckte seine Zehen dem Himmel entgegen, aber da ihm schwindelig wurde, verlor er auf der Stelle jegliches Interesse und gab eine Zeit lang sowohl das Yoga als auch das Sonnenbaden auf.

Der Schlüssel zu allem, entschied er, hieß Entspannung.

8

Plötzlich erleuchtet erkannte Wassilly, dass eine schreckliche Diskrepanz zwischen seinem Selbstbild und der Wirklichkeit bestand. Er bewunderte sich selbst und fühlte sich von Zeit zu Zeit anderen gegenüber eine Spur überlegen, nicht wegen dem, was er tatsächlich war und was er tatsächlich aus sich gemacht hatte, sondern eher in Hinblick darauf, was er tun könnte, was er in Kürze tun würde, was er in den vor ihm liegenden Jahren zustande bringen würde, was er eines Tages sein und bleiben würde, und in Hinblick auf seinen Wagemut und seinen Kampfgeist. Manchmal träumte er von Hindernissen, die er mit Bravour überwinden würde: tödliche Krankheit, dauernde Erblindung, Flut oder Feuer, aus denen Menschen gerettet werden konnten, ein langer Marsch als Flüchtling durch eine Gebirgslandschaft, eine spektakuläre Gelegenheit, seine Prinzipien zu verteidigen. Aber daraus, dass es unter diesen Umständen in Wahrheit leichter – und nicht schwieriger – sein würde, sich ehrenhaft zu schlagen, folgte, dass die Eintönigkeit seiner gegenwärtigen Lage das allerschwierigste Hindernis überhaupt war.

Besonders wichtig war, dass er nicht vergaß, was er im Leben erreichen wollte. Und wichtig war auch, dass er keine romantische Vorstellung von sich – als Arzt in Afrika zum Beispiel – mit einer echten Möglichkeit verwechselte. Und er bemühte sich, die Tatsache nicht aus den Augen zu verlieren, dass er in einer Welt von Erwachsenen ein Erwachsener mit Verantwortung war. Das war nicht einfach: Als er in der Sonne saß und Papiersterne für einen Christbaum ausschnitt, arbeiteten zur gleichen Zeit andere Männer, um ihre großen Familien zu ernähren oder in der Fremde ihrer Heimat zu dienen. Wenn er in Augenblicken mühsamer Wahrheitssuche dieses Missverhältnis erkannte, wurde ihm übel, dass er die Last seiner selbst auf den Schultern tragen sollte, so als wäre er selbst sein eigener unerwünschter Gast.

9

Wassillys Unbeweglichkeit: Mitten im Winter starb Wassillys Bruder. Sein Vater bat ihn, in die Wohnung zu gehen und die Habseligkeiten seines Bruders durchzusehen. Wassillys Bruder hatte allein in der Stadt gelebt. Wassilly hatte ihn dort nie besucht, weil ihn sein Bruder seit einigen Jahren nicht mehr hatte sehen wollen.

Die Wohnungstür hatte viele Schlösser, und Wassilly wusste nicht, welche geschlossen und welche offen waren, deshalb brauchte er einige Zeit hineinzukommen. Als er dann drin war, machte ihn die Ärmlichkeit und Nacktheit der Wohnung sprachlos: Es sah aus wie das Zuhause eines sehr armen Menschen. An den Wänden und auf dem Boden – nichts. Das Wenige an Möbeln, das da war, war schäbig.

Wassilly ging durch die Zimmer. Überall fanden sich Hinweise auf seinen Bruder. Im Badezimmer umgab eine Aureole aus schwarzen Fingerabdrücken den Lichtschalter. In der Badewanne hatte sich ein Ring gebildet, und das Waschbecken und die Toilette waren schmutzverkrustet. In einer Ecke der Küche lagen Glasflaschen und Krüge auf einem Haufen. Schalen und Fasern von Knoblauchzehen bedeckten den Tisch wie heller Schnee. Es war, als würde sein Bruder jeden Augenblick zurückkommen.

Wassilly ging ins Wohnzimmer, in dem bloß ein Schreibtisch, ein Geschirrschrank, ein paar Stühle und das ungemachte Bett standen, aus dem sein Bruder ins Krankenhaus gebracht worden war. Papierstöße und Notizbücher quollen unter dem Fenster hervor ins Zimmer. Wassilly ging sie durch und fand nichts. Er zog einen hölzernen Klappstuhl in die Mitte des Zimmers und setzte sich darauf. Er blickte zum Fenster hinaus auf die Ziegelmauern der angrenzenden Häuser, die einen Hinterhof mit einem spindeldürren Johannisbrotbaum umgaben.

Wassilly versuchte über seinen Bruder nachzudenken – die gebeugte, dickleibige Figur, die langsame Redeweise, die Zögerlichkeiten. Aber immer wieder glitten seine Gedanken ab. Das Zimmer war dunkel, obwohl die Sonne auf die Häu ser nebenan schien. Ein Nachbar schlug mit etwas gegen die Wand hinter dem Herd, und gleich darauf flog im Flur eine Tür zu. Wassilly döste, sein Kinn auf seinem Mantelkragen.

Als er, hellwach von der Stille, in die Höhe fuhr, blickte er sich in dem Zimmer um, das ihm so gar nicht vertraut war. Die Sonne schien auf eine Wand. Der Altersunterschied zwischen Wassilly und seinem Bruder war groß gewesen. Wassillys früheste Erinnerungen betrafen den Auszug seines Bruders, seine Rückkehr und den abermaligen Auszug. Wortlos kam er nach Hause, wortlos war er wieder fort. Und Wassilly immerzu am Fenster, und dabei der ständige Kitzel und die Spannung. Es dauerte Jahre, bis Wassillys Bewunderung schwand. Aber da hatte sein Bruder ohnehin schon keine Lust mehr, ihn zu sehen.

Wassilly stand aus dem Klappstuhl auf und knöpfte seinen Mantel auf. Eine leise Unruhe war über ihn gekommen. Verhielt er sich verantwortungsbewusst?, fragte er sich. Er war gekommen, um die Habseligkeiten seines Bruders durchzusehen: damit war er jetzt beinahe fertig. Und doch hatte er eine Stunde lang in derselben Stellung dagesessen. Er fragte sich, was sein Bruder an seiner Stelle getan hätte. Sein Bruder wäre gar nicht in die Wohnung gekommen. Er wäre nicht einmal zum Begräbnis gegangen.

Wassilly dachte daran, seinen Mantel abzulegen, tat es aber nicht. Er ging ins Badezimmer, machte das Medizinschränkchen auf und legte sämtliche Röhrchen und Flaschen für seinen eigenen Gebrauch in eine Pappkartonschachtel. Er kam sich vor wie ein Dieb. Er zog die Handtücher vom Handtuchhalter und hob die Matten vom Fußboden auf und stopfte sie in einen großen Wäschesack. Als er dann die Zahnbürste seines Bruders wegwerfen wollte, wurde ihm übel, und er konnte nicht weitermachen.

Nach einer Woche erwachte Wassilly in der, wie er meinte, richtigen geistigen Verfassung, um die Arbeit zu Ende zu bringen. Er kehrte in die Wohnung seines Bruders zurück. Aber er schaffte auch diesmal nicht mehr als beim letzten Mal. Irgendetwas an der gesamten Atmosphäre der Wohnung lähmte ihn: Nach ein paar Stunden ging er wieder und nahm eine gerahmte Fotografie seines Großvaters mit, die er, mit dem Gesicht nach unten, auf dem Kaminsims vorgefunden hatte. Als er nach Hause kam, schrieb er an seine Schwester und bat sie, die Sache für ihn zu erledigen.

An diesem Abend lag er auf seinem Bett, neben sich auf dem Fußboden sein Hund, und starrte zum Foto seines Großvaters hinüber, dessen Augen ihm aus einer dunklen Ecke zuzwinkerten. Er konnte sich nicht bewegen, als säße ihm die Verzweiflung seiner Familie auf der Brust. Schicht für Schicht drückte ihn die Traurigkeit nieder – dass er seinen Bruder nicht öfter gesehen hatte, dass er ihn nicht gemocht hatte, dass sein Bruder alleine gestorben war, dass ein Mitglied seiner Familie in solchem Elend und Schmutz gelebt haben sollte. Wenn aber sein Bruder ein Fremder gewesen war, welche Rolle spielte dann alles andere? Nicht zum ersten Mal grübelte er über das seltsame Wesen von Familien nach – dass Familienbande die Tendenz hatten, Leute zusammenzuhalten, die wenig miteinander gemein hatten.

Niemals wäre er bei der Wahl seiner Freunde auf die Mitglieder seiner Familie gekommen. Er dachte, es sei seltsam, dass er in die Wohnung dieses schmutzigen Fremden gehen sollte, um dessen Dinge zu regeln. Er blickte auf das Gesicht seines Großvaters, auf sein unterdrücktes Lächeln und die sorgfältig gebundene Krawatte. Er selbst hatte kein Bedürfnis, eine Familie zu gründen. Schwerfällig erhob er sich von seinem Bett und ging hinunter in die Küche. Mit ein paar dick belegten Sandwiches kehrte er in sein Bett zurück und aß sie auf, bis er zu schläfrig war, seine Augen länger offen zu halten. Als er schlief und unter leichten Albträumen litt, kroch sein Hund zu ihm hinauf und verschlang gierig, was vom Essen noch da war.

Angestellt von der Stadtverwaltung

Überall in der Stadt gibt es alte schwarze Frauen, die angestellt wurden, um Personen um sieben Uhr morgens anzurufen und mit gedämpfter Stimme zu fragen, ob Lisa zu sprechen sei. Diese Beschäftigung ermöglicht es ihnen, von zu Hause aus zu arbeiten. Die Frauen sind Teil einer größeren Truppe städtischer Angestellter, die angeheuert wurden, falsche Nummern anzurufen. Der Bestverdiener von allen ist ein Inder aus Indien, der in der Lage ist, darauf zu beharren, nicht die falsche Nummer gewählt zu haben.

Andere – hauptsächlich alte – Leute wurden eingestellt, um uns zu unterhalten, indem sie ausgefallene Hüte tragen. Sie tragen sie, als ginge es sie nichts an, was oberhalb ihrer Augenbrauen passiert. Zwei Hüte wippen nebeneinander – ein Homburg, hoch oben auf einem alten Mann, und ein Ding mit einem schwarzen Schleier und Kirschen drauf auf einer kleinen Frau, und unter den Hüten kabbeln die beiden Alten miteinander. Eine andere alte Frau, krumm und kraftlos, überquert die Straße langsam vor unserem Auto, sie blickt wütend, weil man sie gezwungen hat, diesen großen, roten, tütenförmigen Hut aufzusetzen, der so schwer auf ihre Stirn drückt. Und noch eine andere alte Frau geht auf einem unwegsamen Gehsteig und achtet genau darauf, wohin sie ihre Füße setzt. Sie trägt keinen Hut, weil sie ihren Job verloren hat.

Die Stadt heuert Leute aller Altersstufen an, mit dem Auftrag, sich wie Irre aufzuführen, damit wir anderen uns gesund fühlen. Manche Irre sind überdies Bettler, damit wir uns nicht nur gesund, sondern auch noch reich vorkommen können. Es gibt bloß eine begrenzte Anzahl von Jobs für Verrückte. Die freien Stellen für diese Arbeit sind alle schon vergeben. Jahrelang wurden die Irren in Heil- und Pflegeanstalten auf Inseln im Hafen von New York zusammengepfercht. Dann entließ die Stadtverwaltung eine große Anzahl von ihnen, um eine beruhigende Präsenz auf der Straße zu schaffen.

Naturgemäß haben manche Irre kein Problem, zwei Jobs zur gleichen Zeit nachzugehen, indem sie ausgefallene Hüte tragen, während sie in leichtem Galopp davonschlurfen.

Zwei Schwestern

Obwohl sich jedermann wünscht, es würde nicht passieren, und obwohl es viel besser wäre, wenn es nicht passierte, passiert es manchmal dennoch, dass eine zweite Tochter geboren wird und dass es dann zwei Schwestern gibt.

Selbstverständlich ist jede Tochter, die während ihrer Geburt weint, bloß eine Versagerin, und da der Mann Söhne wollte, wird sie von ihrem Vater nur schweren Herzens angenommen. Er versucht es wieder: und wieder ist es nur eine Tochter. Das ist noch schlimmer, weil es eine zweite Tochter ist; und dann kommt eine dritte oder gar eine vierte. Er ist steinunglücklich unter lauter Frauen. Er lebt, verzweifelt, mit seinen Misserfolgen.

Der Mann, der einen Sohn und eine Tochter hat, kann sich glücklich schätzen, obwohl sein Risiko groß ist, wenn er sich bemüht, einen weiteren Sohn zu zeugen. Das größte Glück hat der Mann, der nur Söhne hat, denn er kann, Sohn um Sohn, immer weitermachen, bis die Tochter gemacht ist, und hat alle Söhne, die er sich nur wünschen kann, und dazu auch noch eine kleine Tochter als Schmuckstück seiner Tischgemeinschaft. Und wenn die Tochter niemals kommen sollte, dann hat er sowieso schon in seiner Ehepartnerin und Mutter seiner Söhne eine Frau. Was ihn als Person angeht, so hat er keinen Mann an seiner Seite. Nur seine Frau hat diesen Mann. Sie könnte sich eine Tochter wünschen, da sie keine Frau an ihrer Seite hat, aber ihre Wünsche hört man kaum. Denn sie selbst ist eine Tochter, auch wenn ihre Eltern vielleicht nicht mehr am Leben sind.

Die einzige Tochter, diese einzige Schwester der vielen Brüder, hört auf die Stimme ihrer Familie und ist zufrieden mit sich und glücklich. Ihre Sanftmut angesichts der Brutalität ihrer Brüder, ihre Besonnenheit angesichts von deren Zerstörungswut wird bewundert. Aber sobald zwei Schwestern da sind, ist eine hässlicher und tollpatschiger als die andere, eine ist weniger klug, eine ist sexuell freizügiger. Selbst wenn sich, wie das meistens der Fall ist, alle besseren Eigenschaften in einer Schwester miteinander verbinden, ist sie nicht glücklich, weil die andere, wie ein Schatten, eifersüchtig auf ihre Erfolge hinschielt.

Zwei Schwestern wachsen zu verschiedenen Zeiten auf und verachten einander gegenseitig, weil sie solche Kindsköpfe sind. Sie zanken sich und werden rot. Und auch wenn nur eine Tochter da ist, so ist und bleibt sie Angela, wogegen zwei ihre Namen verlieren, aber an Gewicht gewinnen.

Zwei Schwestern heiraten oft. Die eine findet den Mann der anderen ungehobelt. Die andere benutzt ihren Mann als Schild gegen ihre Schwester und gegen den Mann ihrer Schwester, den sie wegen seines scharfen Verstands fürchtet. Obwohl die beiden Schwestern sich um die Freundschaft der anderen bemühen, damit ihre Kinder Cousins und Cousinen haben, sind sie häufig zerstritten.

Ihre Ehemänner enttäuschen sie. Ihre Söhne sind Versager und vertun die Liebe ihrer Mütter in zwielichtigen Städten. Eisenhart ist nun nur noch der Hass der beiden Schwestern aufeinander. Der dauert fort, als ihre Ehemänner dahinwelken und ihre Söhne sie verlassen.

In einen gemeinsamen Käfig gesperrt, halten zwei Schwestern ihre Wut im Zaum. Sie sehen sich ähnlich.

Zwei Schwestern, beide in Schwarz, kaufen gemeinsam ihre Lebensmittel ein, die Ehemänner tot, die Söhne in irgendeinem Krieg gefallen; sie haben sich so sehr an ihren Hass gewöhnt, dass sie sich dessen nicht bewusst sind. Manchmal sind sie liebevoll zueinander, weil sie vergessen.

Doch im Tod sind die Gesichter der beiden Schwestern aus langer Gewohnheit verbittert.

Die Mutter

Das Mädchen schrieb eine Geschichte. »Aber es wäre doch viel besser, wenn du einen Roman schreiben würdest«, sagte ihre Mutter. Das Mädchen baute ein Puppenhaus. »Aber es wäre doch viel besser, wenn es ein echtes Haus wäre«, sagte ihre Mutter. Das Mädchen machte ein kleines Kissen für seinen Vater. »Aber wäre eine Steppdecke nicht praktischer«, sagte ihre Mutter. Das Mädchen grub ein kleines Loch im Garten: »Aber es wäre doch viel besser, wenn du ein großes Loch graben würdest«, sagte ihre Mutter. Das Mädchen grub ein großes Loch und legte sich hinein zum Schlafen. »Aber es wäre doch viel besser, wenn du für immer schlafen würdest«, sagte ihre Mutter.

Therapie

Kurz vor Weihnachten zog ich in die Stadt. Ich war allein, und das war neu für mich. Wohin war mein Mann verschwunden? Er lebte in einem kleinen Zimmer auf der anderen Seite des Flusses, in einem Stadtteil voller Lagerhäuser.

Ich zog vom Land hierher, wo mich die blassen, trägen Menschen ohnehin alle wie eine Fremde ansahen und wo es nicht viel Sinn machte, ein Gespräch anzufangen.

Nach Weihnachten bedeckte Schnee die Gehsteige. Dann schmolz der Schnee. Dennoch tat ich mir schwer, zu Fuß zu gehen, aber dann war's für ein paar Tage besser. Mein Mann zog in meine Gegend, damit er unseren Sohn häufiger sehen konnte.

Hier in der Stadt hatte ich lange Zeit auch keine Freunde. Zunächst saß ich bloß auf einem Sessel und spielte an den Haaren und bürstete Staub aus meinen Kleidern, dann stand ich auf, um mich zu strecken, und setzte mich wieder hin. Am Morgen trank ich Kaffee und rauchte. Am Abend trank ich Tee und rauchte und ging zum Fenster und wieder zurück und aus einem Zimmer ins nächste.

Manchmal glaubte ich für einen Augenblick, ich könnte etwas arbeiten. Dann ging dieser Augenblick vorüber, und ich wollte mich bewegen, konnte mich aber nicht bewegen.

Auf dem Land konnte ich mich eines Tages nicht bewegen. Zuerst hatte ich mich durchs Haus geschleppt, dann von der Veranda in den Garten und anschließend in die Garage, wo mein Hirn schließlich im Kreis herumsauste wie eine Fliege.

Da stand ich, unter mir ein Ölfleck. Ich legte mir Gründe zurecht, weshalb ich die Garage verlassen sollte, aber kein Grund war gut genug.

Es wurde Nacht, die Vögel verstummten, es fuhren keine Autos mehr, alles zog sich zurück ins Dunkel, und dann bewegte ich mich.

Alles, was ich von diesem Tag mitgenommen habe, war die Entscheidung, bestimmten Leuten nicht zu erzählen, was mir passiert war. Natürlich gab es jemanden, dem ich es erzählte, und zwar auf der Stelle. Aber ihn interessierte das nicht. Er war an überhaupt nichts interessiert, was mich anging, und schon gar nicht an meinen Problemen.

In der Stadt, dachte ich, könnte ich wieder zu lesen anfangen. Ich war es satt, mich lächerlich zu machen. Dann, als ich anfing zu lesen, war es nicht bloß ein Buch, sondern viele Bücher auf einmal – das Leben von Mozart, eine Studie über die Veränderung des Meeres und noch andere, an die ich mich jetzt nicht erinnern kann.

Mein Mann fand diese plötzlichen Anwandlungen ermutigend, und er setzte sich hin, um mit mir zu reden, und dabei blies er mir seinen Atem ins Gesicht, bis ich hundemüde war. Ich wollte vor ihm verheimlichen, wie schwierig mein Leben war.

Da ich nicht gleich wieder vergaß, was ich las, dachte ich, mein Verstand würde wieder stärker werden. Ich notierte mir Fakten, die mir als Fakten, die ich nicht vergessen sollte, ins Auge stachen. Ich las sechs Wochen lang und dann hörte ich zu lesen auf.

In der Mitte des Sommers verließ mich wieder mein Mut. Ich fing an, zu einem Arzt zu gehen. Von Anfang an war ich mit ihm nicht zufrieden, und ich machte, obwohl ich den ersten Arzt nicht aufgab, einen Termin mit einem anderen Arzt aus, mit einer Frau.

Die Praxis der Frau befand sich in einer teuren Gegend in der Nähe des Gramercy Parks. Ich klingelte. Zu meiner Überraschung machte nicht sie die Tür auf, sondern ein Mann mit einer Fliege. Der Mann war sehr aufgebracht, weil ich an seiner Tür geläutet hatte.

Jetzt kam die Frau aus ihrer Praxis, und die beiden Ärzte fingen an zu streiten. Der Mann war wütend, weil die Patienten der Frau immer an seiner Tür klingelten. Ich stand zwischen ihnen. Nach diesem Termin ging ich nicht mehr hin.

Wochenlang erzählte ich meinem Arzt nicht, dass ich es mit jemand anderem versucht hatte. Ich dachte, es könnte seine Gefühle verletzen. Ich täuschte mich. Zu dieser Zeit ärgerte es mich, dass er sich beschimpfen und beleidigen ließ, solange ich nur sein Honorar weiterhin zahlte. Das wies er zurück: »Ich lasse mich nur bis zu einem bestimmten Punkt beleidigen.«

Nach jeder Sitzung bei ihm dachte ich, ich würde nicht mehr hingehen. Dafür gab es mehrere Gründe. Seine Praxis war in einem alten Haus, das hinter anderen Gebäuden vor der Straße versteckt war und mitten in einem Garten voller kleiner Wege und Gartentore und Blumenrabatte stand. Hin und wieder, wenn ich das Haus betrat oder verließ, fiel mein Blick auf eine seltsame Gestalt, die die Stufen herunterkam oder durch eine Toreinfahrt verschwand. Es war ein kleiner, untersetzter Mann mit einem dunklen Haarschopf, der ein weißes Hemd, das bis zum Hals hinauf fest zugeknöpft war, trug. Wenn er vorbeiging, sah er mich an, aber sein Gesicht verriet nichts, obwohl ich ja zweifellos da war und die Stufen hochstieg. Dieser Mann beunruhigte mich umso mehr, da ich nicht wusste, in welcher Beziehung er zu meinem Arzt stand. Mitten in jeder Sitzung hörte ich eine männliche Stimme ein Wort den Treppenaufgang hinunterrufen: »Gordon.«

Ein anderer Grund, weshalb ich nicht mehr zu meinem Arzt gehen wollte, war, dass er sich keine Notizen machte. Ich war der Meinung, er sollte sich Notizen machen und sich an meine familiären Verhältnisse erinnern: dass mein Bruder allein in einem Einzelzimmer in der Stadt wohnte, dass meine Schwester verwitwet war und zwei Töchter hatte, dass mein Vater hypernervös, anspruchsvoll und schnell eingeschnappt war und dass mich meine Mutter sogar noch mehr kritisierte als mein Vater. Ich war der Meinung, mein Arzt sollte seine Notizen nach jeder Sitzung studieren. Stattdessen hetzte er hinter mir die Stufen herab, um sich in der Küche eine Tasse Kaffee zu machen. Ich war der Meinung, dass er sich nicht sonderlich professionell verhielt.

Über bestimmte Dinge, die ich ihm erzählte, lachte er, und das machte mich wütend. Aber wenn ich ihm etwas anderes erzählte, das ich lustig fand, lächelte er nicht einmal. Er sagte Unverschämtes über meine Mutter, weshalb ich um ihretwillen und wegen mancher glücklicher Zeiten in meiner Kindheit am liebsten in Tränen ausgebrochen wäre. Am schlimmsten aber war, dass er sich manchmal in seinen Lehnsessel plumpsen ließ, seufzte und abgelenkt zu sein schien.

Bemerkenswert war, dass ich ihn von Mal zu Mal, wenn ich ihm erklärte, welch unangenehme und traurige Gefühle er in mir weckte, mehr mochte. Nach ein paar Monaten brauchte ich ihm das gar nicht mehr zu sagen.

Ich dachte, es vergehe zwischen den Sitzungen und bis ich ihn wiedersah eine sehr lange Zeit. Es war bloß eine Woche, aber binnen einer Woche passierte immer viel. So hatte ich zum Beispiel einmal mit meinem Sohn einen sehr heftigen Streit, meine Vermieterin legte mir am nächsten Morgen einen Räumungsbefehl vor, und am gleichen Nachmittag hatten mein Mann und ich eine lange, absolut hoffnungslose Unterredung, sodass ich zu dem Ergebnis kam, dass wir uns nie wieder aussöhnen würden.

Ich hatte nun zu wenig Zeit, um in jeder Sitzung zu sagen, was ich sagen wollte. Ich wollte meinem Arzt erzählen, mein Leben sei in meinen Augen kurios. Ich erzählte ihm, wie mich meine Vermieterin austrickste, dass mein Mann zwei Freundinnen habe und wie eifersüchtig diese Frauen aufeinander seien – nicht aber auf mich, wie mich meine Schwiegereltern am Telefon beleidigten, wie mich die Freunde meines Mannes links liegen ließen, und dann, wie ich auf der Straße immer wieder stolperte und in Mauern lief. Bei allem, was ich sagte, wollte ich loslachen. Aber gegen Ende der Stunde erzählte ich ihm auch von meiner Unfähigkeit, mit einer zweiten Person unter vier Augen zu sprechen. Immer gab es eine Wand. »Ist im Augenblick auch zwischen Ihnen und mir eine Wand?«, fragte er. Nein, es war keine Wand mehr da.

Mein Arzt sah mich und sah an mir vorbei. Er hörte meine Worte und gleichzeitig hörte er andere Worte. Er zerlegte mich in meine Bestandteile und setzte mich nach einem anderen Muster zusammen und zeigte es mir dann. Da war das, was ich tat, und da war der Grund, weshalb ich es seiner Meinung nach tat. Die Wahrheit war nicht mehr eindeutig. Seinetwegen wusste ich nicht, was für Gefühle ich hatte. Ein Schwarm von Gründen summte um meinen Kopf herum. Ich war betäubt von ihnen und immerzu verwirrt.

Im Spätherbst verlangsamte ich mein Tempo und hörte auf zu reden, und früh im neuen Jahr konnte ich kaum noch logisch denken. Ich schaltete noch einen Gang zurück, bis ich mich kaum noch bewegte. Mein Arzt hörte das hohle Klappern meiner Schritte auf den Stufen und er sagte zu mir, er habe sich gefragt, ob ich den ganzen Weg herauf überhaupt schaffen würde.

Damals sah ich von allem bloß das Negative. Ich hasste reiche Leute und ekelte mich vor den Armen. Der Lärm spielender Kinder nervte mich, und das Schweigen alter Leute erfüllte mich mit Unbehagen. In meinem Hass auf die Welt sehnte ich mich nach der Sicherheit, die Geld bot, aber ich hatte kein Geld. Überall um mich herum kreischten Frauen. Ich träumte von einem friedlichen Schlupfwinkel auf dem Lande.

Ich beobachtete weiterhin die Welt. Ich hatte zwei Augen, aber ich verstand nicht mehr viel, und auch die Sprache fehlte mir. Stück für Stück schwand meine Fähigkeit zu empfinden. Ich konnte mich für nichts mehr begeistern und hatte keine Liebe mehr in mir.

Dann kam der Frühling. Ich hatte mich so sehr an den Winter gewöhnt, dass mich der Anblick der Blätter auf den Bäumen erstaunte.

Dank meines Arztes begannen sich die Dinge für mich zu verändern. Ich war unangreifbarer. Ich hatte nicht ständig das Gefühl, dass mich bestimmte Personen demütigen wollten.

Ich fing wieder an, über lustige Dinge zu lachen. Ich lachte, und dann hielt ich inne und dachte: Stimmt, den ganzen Winter habe ich nicht gelacht. Um die Wahrheit zu sagen, ein ganzes Jahr lang hatte ich nicht gelacht. Ein ganze Jahr lang sprach ich so leise, dass niemand verstand, was ich sagte. Jetzt schienen Leute, die ich kannte, weniger unglücklich, wenn sie meine Stimme am Telefon hörten.

Ich hatte immer noch Angst bei dem Gedanken, dass mich eine falsche Bewegung bloßstellen könnte. Aber ich fing an, mich für Dinge zu begeistern. Ich verbrachte den Nachmittag alleine. Ich las wieder Bücher und hielt bestimmte Vorkommnisse fest. Nach Anbruch der Dunkelheit ging ich auf die Straße und blieb stehen, um in Schaufenster zu schauen, und dann wandte ich mich von den Schaufenstern ab, und in meiner Begeisterung stieß ich mit Leuten zusammen, die direkt neben mir standen – immer waren es andere Frauen, die Kleider ansahen. Wenn ich weiter ging, stolperte ich über die Gehsteigkante.

Ich dachte, da ich mich besser fühlte, sollte meine Therapie bald zu Ende gehen. Ich war ungeduldig und ich fragte mich: Wie kommt es zum Ende einer Therapie? Ich hatte auch noch andere Fragen, zum Beispiel: Wie lange noch würde ich weiterhin meine ganze Kraft brauchen, um vom einen Tag auf den nächsten weiterzumachen? Darauf gab es keine Antwort. Und die Therapie würde auch nicht zu Ende gehen, oder aber ich würde nicht diejenige sein, die sich entschloss, sie zu beenden.

Sprachunterricht Französisch
1. Lektion: Le Meurtre

Sehen Sie, wie die *vaches* den Hügel hinaufzotteln, Kopf an Hinterteil, Kopf an Hinterteil. Finden Sie heraus, was eine *vache* ist. Eine *vache* wird am Morgen gemolken und am Abend noch einmal gemolken, den Kopf in einer Runge, während ihr von Dung triefender Schwanz hin und her schlägt. Wenn Sie eine Fremdsprache erlernen, sollten Sie immer mit den Namen von Nutztieren beginnen. Denken Sie daran: ein *animal* (frz.) ist ein *animal* (engl.), aber wenn es mehrere sind, dann heißen sie im Französischen *animaux,* auslautend auf *a u x*. Sprechen Sie das *x* nicht aus. Diese *animaux* leben auf einer *ferme.* Es besteht kein großer Unterschied zwischen diesem Wort *ferme* und unserem amerikanischen Wort für den Ort, wo Strohhalme alles rundum bedecken, der Scheunenhof liegt tief im Schlamm, und an einem Wintermorgen dampft der Dung auf dem Misthaufen neben dem Scheunentor, deshalb sollte es leicht zu erlernen sein. *Farm – ferme.*

Nun können wir die bestimmten Artikel *le, la* und *les* einführen, die wir schon von verschiedenen Wortverbindungen kennen, denen wir hierzulande begegnen, wie etwa *le car, le sandwich, le café, les girls.* Neben *la vache* gibt es weitere *animaux* auf *la ferme,* deren Gebäude windschief, verwittert und mit verrosteten Nägeln gespickt sind, auf der aber ein neuer Traktor steht. *Les chiens* ducken sich in Gegenwart ihres Herrn, *le fermier*, und bellen *les chats* an, als *les chats* maunzend zur Hintertür schleichen, und *les poulets*, die Lieblingstiere der

Kinder von *le fermier*, gackern und scharren, bis *le fermier* ihnen den Kopf abgeschlagen hat und sie von der *femme* des *fermier* mit roten Knöcheln von Hand gerupft worden sind, dann gekocht und von der ganzen *famille* verspeist werden. Sprechen Sie die Schlusskonsonanten sämtlicher Worte aus Ihrem neuen Vokabelheft bis auf Weiteres nicht aus, es sei denn, der Buchstabe *e* folgt auf sie, und manchmal nicht einmal dann. Die Regeln und ihre unzähligen Ausnahmen werden in den späteren Lektionen behandelt.

Wir wollen Ihnen nun ein Stück Sprachgeschichte vorstellen und dann, daran anschließend, ein Sprachkonzept.

Die Landwirtschaft oder Agrikultur betreibt man wie in unserem Lande auch in Frankreich, aber das Wort wird unterschiedlich ausgesprochen: *agriculture.* Die Schreibweise ist im Englischen dieselbe, denn das Wort leitet sich vom Lateinischen ab. In Ihren Lektionen werden Sie feststellen, dass manche französischen Wörter, wie zum Beispiel *la ferme,* gleich oder fast gleich geschrieben werden wie die entsprechenden Wörter in unserer Sprache, und in diesen Fällen gehen diese in beiden Sprachen auf dasselbe lateinische Wort zurück. Andere französische Wörter lauten ganz und gar nicht wie unsere Wörter für die gleichen Dinge. In diesen Fällen gehen die französischen Wörter gewöhnlich auf das Lateinische zurück, was aber für unsere Bezeichnungen für die gleichen Dinge nicht gilt, da sie vom Angelsächsischen, dem Dänischen und dergleichen abstammen. Dies ist eine Information zur Sprachgeschichte. In den späteren Lektionen wird es noch mehr Sprachgeschichtliches geben, denn die Sprachgeschichte ist wirklich äußerst faszinierend, wie Sie uns am Ende des Kurses hoffentlich bestätigen werden.

Wir haben soeben festgestellt, dass wir im Englischen für dieselben Dinge unsere eigenen Wörter haben. In einem strengen Sinne ist das nicht zutreffend. Wir können nicht mit Fug und Recht behaupten, dass es für ein und dieselbe Sache mehrere Wörter gibt. Genau das Gegenteil ist nämlich der Fall: Für viele Dinge gibt es nur ein Wort, und für gewöhnlich ist selbst dieses Wort, sofern es sich um ein Nomen handelt, zu vage. Halten Sie sich dieses Konzept von Sprache vor Augen, wenn Sie sich nun das folgende Beispiel anhören:

Ein französischer *arbre*, das ist nicht die Ulme oder der Ahorn, die in den unendlich langen, heißen und verschlafenen, menschenleeren Sommern unserer Kindheit in den Hauptstraßen der Städte Neuenglands Schatten spenden, Kindheiten, die sich ihrerseits von den Kindheiten französischer Kinder unterscheiden, und wenn Sie auf einer Straße in einer amerikanischen Kleinstadt einen Franzosen stehen sehen, der auf eine Ulme oder einen Ahorn zeigt und dazu *arbre* sagt, dann wissen Sie, dass das falsch ist. Ein *arbre* ist eine Platane auf einem historischen Marktplatz, die mit gestutzten, stummelartigen Ästen und einer gefleckten, leprösen Rinde in einer Reihe anderer, ähnlicher Platanen gegenüber dem Rathaus steht, vor dem ein Fahrrad, das von einem Mann mit dicker, rötlicher Haut und einer alten Mütze gelenkt wird, hin und her schwankt, bevor er in ein enges Gässchen abbiegt. Oder ein *arbre* ist eine dieser dichten, struppigen, dahinvegetierenden Eichen in den gleißenden, trockenen Hügeln der Provence, zwischen denen sich eine ähnliche Gestalt in einer blauen Stoffjacke und mit einer Art Netz oder Falle ihren Weg bahnt. Ein *arbre* kann auch angenehmen Schatten spenden und *la maison* im Sommer kühl halten, aber bedenken Sie, dass es sich bei *la maison* nicht um einen Fachwerkbau mit offener Veranda und großer Eingangsterrasse an der Vorderfront handelt, sondern dass ein solcher entlang einer Nord-Süd-Achse angelegt und aus unregelmäßigen, sandfarbenen Steinblöcken gebaut ist und ein rotes Ziegeldach hat sowie kleine quadratische Fenster und grüne Fensterläden davor und eine fensterlose Nordseite, die zusätzlich durch eine dicht gepflanzte Reihe von Zypressen vor dem Wind geschützt wird, während ein hübscher Maulbeer- oder Olivenbaum die Südseite beschatten mag. Nicht, dass es in Frankreich nicht viele Arten von *maisons* gäbe, deren Architektur durch das Klima bestimmt wird oder durch die Tatsache, dass es in der Nachbarschaft zum Ausland liegt, etwa von Deutschland, aber wenn wir ein Wort wie *maison* aussprechen, so entspricht diesem in Wahrheit nur eine Vorstellung und nicht mehr. Was sehen Sie, wenn Sie »Haus« sagen? Stellen Sie sich dann mehr vor als *eine* Art von Haus?

Wann kehren wir wieder zu unserer *ferme* zurück? Wie wir früher aufgezeigt haben, sollte ein Sprachstudent oder eine -studentin *la ferme* beherrscht haben, bevor er oder sie mit *la ville* weitermacht, so wie wir alle erst in unserer Teenagerzeit in die Stadt kommen sollten, wenn die Natur oder die Tierwelt für uns nicht mehr so wichtig oder interessant sind, wie diese es einst waren.

Wenn Sie auf einem bestellten Feld am Rand von *la ferme* stehen, hören Sie *les vaches* muhen, weil es fünf Uhr an einem Winternachmittag ist und ihre Euter voll sind. Ein Licht brennt im Stall, aber draußen ist es dunkel, und quer über den Scheunenhof blickt *la femme* von *le fermier* ein wenig ängstlich aus dem Fenster ihrer *cuisine*, wo sie Gemüse schält. Nun hebt sich die Silhouette des eingestellten Lohnarbeiters vor der Scheuneneinfahrt ab. *La femme* fragt sich, weshalb er mit einem kurzen Ding in seiner Hand bewegungslos dasteht. Die Pluralform des Artikels, *les,* geschrieben *l e s,* wie in *les vaches,* ist unveränderlich, sprechen Sie aber das *s* nicht aus. Der Singular des Artikels ist entweder maskulin *le* oder feminin *la,* gemäß dem Nomen, dem er vorangestellt ist, und er muss immer gemeinsam mit jedem neuen Nomen Ihres Vokabelhefts gelernt werden, denn es gibt wenige Anhaltspunkte, von denen Sie schließen könnten, welches Wort in der Welt der französischen Nomina maskulin ist und welches feminin. Vielleicht versuchen Sie sich in Erinnerung zu rufen, dass sämtliche Länder, die auf ein stummes *e* auslauten, *le Mexique* ausgenommen, feminin sind oder dass sämtliche Staaten der USA, die auf ein stummes *e* auslauten, Maine ausgenommen, feminin sind, genau so wie im Deutschen die vier Jahreszeiten und sämtliche Mineralien maskulin sind, und doch werden Sie diese Regeln bald wieder vergessen. Eines Tages wird Ihnen *la maison* allerdings notwendigerweise als ein Femininum erscheinen, angesichts seiner einladend offenen Türen, seiner schattigen Zimmer, seiner warmen Küche. *La bicyclette*, ein Wort, das wir nun einführen, ist offenbar ebenfalls feminin, etwas, worunter man sich vielleicht ein junges Mädchen vorstellt, von dessen Fahrradspeichen Bänder flattern, wenn sie in den Spurrillen des Wegs, der von der Farm wegführt, schwankend talwärts fährt. *La bicyclette.* Aber das war früher am Nachmittag. Nun stehen *les vaches* am Gatter des Scheunenhofs, muhen und zermalmen das Wiedergekäute. Beim Wort »Wiedergekäutes« und wahrscheinlich auch beim Wort »Muhen« handelt es sich um Wörter, die Sie auf Französisch nicht zu kennen brauchen, weil Sie beinahe nie die Gelegenheit haben werden, sie zu verwenden.

Nun öffnet der eingestellte Lohnarbeiter *la barrière* mit Schwung, und *les vaches* zotteln mit schaukelnden Eutern über den Scheunenhof, bis zu ihren Fußgelenken in *la boue,* dabei nicken sie mit ihren Köpfen und schlagen mit ihren Schwänzen. Nun klackern ihre Hufe über den Betonboden von *la grange* und der Lohnarbeiter schlägt *la barrière* mit Schwung wieder zu. Aber wo ist *le fermier*? Und warum, um Gottes willen, ist der Hackblock mit *sang* bedeckt, das immer noch klebrig ist, obwohl *le fermier* seit Tagen keinen *poulet* mehr geschlachtet hat? Sie werden die unbestimmten ebenso wie die bestimmten Artikel in Zusammenhang mit Ihren Nomina verwenden müssen, und wir müssen Sie noch einmal darauf aufmerksam machen, dass Sie keine Fehler hinsichtlich des Geschlechts ihrer Nomina machen werden, wenn Sie sie zusammen mit ihren Artikeln lernen. *Un* ist maskulin, *une* ist feminin. Wenn das so ist, welches Geschlecht hat dann *un poulet*? Wenn Ihre Antwort *maskulin* lautet, dann haben Sie recht, auch wenn es sich bei dem Geflügel um eine junge Glucke handeln könnte. Nachdem diese aber zehn Monate alt geworden ist und eher geschmort als gegrillt, gebacken oder gebraten werden sollte, heißt sie *la poule* und macht einen Heidenspektakel, nachdem sie ein Eigelege in einer Ecke des Geflügelhofs platziert hat, das *la femme* nur unter Schwierigkeiten am nächsten Morgen auffinden wird, an dem sie noch etwas entdeckt, das nicht hierher gehört und das sie mit ihrer Schürze voller Eier innehalten und ihren Blick über die Äcker schweifen lässt.

Beachten Sie, dass die Worte *poule, poulet, poultry* (oder auch das deutsche *Poularde),* besonders wenn sie auf einem Blatt stehen, eine gewisse Ähnlichkeit haben. Das kommt daher, dass sich alle vom selben lateinischen Wort herleiten. Das hilft Ihnen vielleicht beim Memorieren des Wortes *poulet. Poule, poulet* und *Poularde* haben keinerlei Ähnlichkeit mit dem Wort *chicken*, weil *chicken* (zu deutsch: *Küken*) aus dem Angelsächsischen kommt.

In dieser ersten Lektion haben wir uns auf Nomina konzentriert. Wir können aber auch ohne Vorbehalte eine Präposition einführen, und bevor wir fertig sind, werden wir auch ein Verb verwenden, das Sie am Ende der Lektion in die Lage versetzen wird, ein paar einfache Sätze zu bilden. Versuchen

Sie anhand des Kontexts, in dem diese Präposition gebraucht wird, herauszufinden, was sie bedeutet. Sie werden feststellen, dass Sie das schon die ganze Zeit mit einem Großteil des neu eingeführten Vokabulars getan haben. Das ist ein guter Weg, eine Sprache zu erlernen, auch die Kinder erlernen ihre Muttersprache auf diese Weise, indem sie die Laute, die sie hören, und den Kontext, in dem diese ausgesprochen werden, miteinander verbinden. Würde sich der Kontext ständig verändern, würden die Kinder niemals zu sprechen lernen. Ebenso wird auch die sogenannte Bedeutung eines Wortes ausschließlich durch den Kontext bestimmt, in dem es ausgesprochen wird, sodass wir de facto nicht behaupten können, die Bedeutung sei unausweichlich mit einem Wort verknüpft, sondern sie verändert sich vielmehr im Lauf der Zeit und von Kontext zu Kontext. Wie ich vorhin deutlich zu machen versucht habe, hat die Bedeutung eines französischen Wortes nicht ihr Äquivalent im Englischen, vielmehr hängt sie davon ab, worauf sie sich im Leben der Franzosen bezieht. Dabei handelt es sich um moderne oder zeitgenössische Vorstellungen von Sprache, aber sie werden gemeinhin als gültig akzeptiert. Nun ist das neue Wort, das wir zu unserem Vokabular hinzufügen, das Wort *dans*, geschrieben *d a n s.* Denken Sie daran, dass der letzte Buchstabe, *s,* beziehungsweise, in diesem Falle, der vorletzte Buchstabe, *n,* nicht ausgesprochen werden, und nasalieren Sie das Wort bei der Aussprache. *Dans.*

Erinnern Sie sich noch an *la femme*? Erinnern Sie sich, was sie tat? Es ist immer noch dunkel, *les vaches* haben sich nun außerhalb ihres Gesichtskreises begeben und sind ruhiger als zuvor, ausgenommen jene brüllende *vache,* die krank ist und an diesem Morgen von *le fermier* nicht aus dem Stall gelassen wurde, weil er befürchtete, sie würde die anderen anstecken, und *la femme* ist immer noch da und schält Gemüse. Sie ist

– hören Sie nun gut zu – *dans la cuisine.* Erinnern Sie sich noch, was *la cuisine* ist? Das ist der einzige Ort, ausgenommen vielleicht der sonnige nach vorne gelegene Hof, wo *une femme* an einem kühlen Spätsommernachmittag vernünftigerweise *les legumes* schälen würde.

La femme hält ein kleines Messer *dans* ihrer Hand mit den geröteten Knöcheln, und an ihrem Handgelenk kleben Stücke von Kartoffelschalen, genau so wie Federn an *le sang* auf dem Hackblock vor der Hintertür kleben, kleinere Federn freilich, als man sie von *un poulet* erwarten würde. Die weiß-glänzenden geschälten *pommes de terre* sind *dans une bassine* und *la bassine* ist *dans* dem Spülbecken, und *les vaches* sind *dans la grange,* wo sie schon vor einer Stunde hätten sein sollen. Über ihnen sind die Heuballen ordentlich *dans* dem Speicher aufeinandergestapelt, und daneben befindet sich ein Kalb *dans* dem Stall für die Kälber. Die Reihen nackter elektrischer Birnen an der Decke scheinen auf die klirrenden Rungen. *Runge* ist ein weiteres Wort, das Sie auf Französisch wahrscheinlich nicht zu kennen brauchen, obwohl es ein hübsches Wort ist, das man in unserer Sprache wissen sollte.

Nun, da Sie die Worte *la femme, dans* und *la cuisine* kennen, werden Sie keine Schwierigkeiten haben, Ihren ersten vollständigen Satz auf Französisch zu verstehen: *La femme est dans la cuisine.* Wiederholen sie ihn, bis er Ihnen ganz vertraut ist. *La femme est,* geschrieben *e s t,* aber sprechen Sie weder das *s* noch das *t* aus, *dans la cuisine.* Hier ein paar weitere einfache Sätze zur Übung: *La vache est dans la grange. La pomme de terre est dans la bassine. La bassine est dans* dem Spülbecken.

Wo *le fermier* geblieben ist, ist ein noch größeres Problem, aber in der nächsten Lektion werden wir ihm vielleicht in *la ville* folgen können. Bevor Sie aber weiter nach *la ville* gehen, lernen Sie unbedingt die Liste neu hinzugekommener Wörter:

le sac: die Tasche
la grive: die Drossel
l'alouette: die Lerche
l'aile: der Flügel
la plume: die Feder
la hachette: das Beil
le manche: der Griff
l'anxiété: die Angst
le meurtre: der Mord

Es war einmal ein sehr einfältiger Mann

Sie ist müde und ein wenig krank und kann nicht ganz klar denken, und während sie versucht, sich anzuziehen, fragt sie ihn immer wieder, wo ihre Sachen sind, und er erklärt ihr mit großer Geduld, wo was ist – zuerst ihre Hose, dann ihr Hemd, dann ihre Socken, dann ihre Brille. Er schlägt ihr vor, die Brille aufzusetzen, und sie tut's, aber das scheint nicht sehr zu helfen. Viel Licht dringt nicht in das Zimmer. Auf halbem Weg während dieser Suche und dem Versuch, sich anzukleiden, legt sie sich, großteils angezogen, aufs Bett, während er unter dem Bettzeug liegt, nachdem er zuvor schon aufgestanden ist, um die Katze zu füttern, eine Konservendose mit Futter mit einem Geräusch geöffnet hat, das sie verwirrte, weil es so klang, wie wenn Milch aus der Zitze einer Kuh in einen Metalleimer spritzt. Während sie, fast schon ganz angezogen, neben ihm liegt, redet er in einem fort über verschiedene Dinge, und nach einer Weile, nachdem sie ihm zugehört und auf das, was er zu ihr sagt, unterschiedlich reagiert hat, zunächst Verstimmung, dann großes Interesse, dann Belustigung, dann Zerstreutheit, dann wieder mit Verstimmung, dann wieder Belustigung, fragt er sie, ob es ihr etwas ausmacht, dass er so viel redet und ob sie möchte, dass er aufhört oder weiter macht. Sie sagt, es sei für sie an der Zeit, sich zum Ausgehen fertig zu machen, und steht vom Bett auf.

Sie fängt wieder mit der Suche nach ihren Kleidern an, und er fängt wieder an, ihr zu helfen. Sie fragt ihn, wo ihr Ring ist und wo ihre Schuhe sind und wo ihre Jacke ist und wo ihre

Handtasche ist. Er sagt ihr, wo alles ist, und dann steht er auf und gibt ihr ein paar Dinge, bevor sie überhaupt darum gebeten hat. Als sie schließlich fertig angezogen und ausgehbereit ist, wird ihr ganz klar, was da passiert und dass ihre Situation sehr an eine chassidische Geschichte in einem Buch erinnert, das sie tags davor in der U-Bahn gelesen hat und das noch immer in ihrer Handtasche steckt. Sie fragt ihn, ob sie ihm eine Geschichte vorlesen dürfe, er zögert, und sie denkt, dass ihm möglicherweise nicht gefällt, dass sie ihm vorliest, obwohl er ihr gerne vorliest. Sie sagt, es gehe bloß um einen Absatz, er ist einverstanden, und sie setzen sich an den Küchentisch. Nun ist auch er angezogen – mit einem weißen T-Shirt und einer Hose, die gut sitzt. Aus dem dünnen braunen Buch liest sie ihm die folgende Geschichte vor:

»Es war einmal ein Mann, der sehr einfältig war. Wenn er am Morgen aufstand, fiel es ihm so schwer, seine Kleider zu finden, dass er in der Nacht beinahe zauderte, schlafen zu gehen, wenn er an den Ärger dachte, den er beim Aufwachen haben würde. Eines Abends nahm er Papier und Bleistift zur Hand, und mit viel Mühe schrieb er beim Ausziehen haarklein auf, wo er alles, was er am Leib trug, hinlegte. Am nächsten Morgen nahm er, mit sich selbst höchst zufrieden, das Stück Papier zur Hand und las: ›Kappe‹ – da war sie, und er setzte sie sich auf den Kopf; ›Hose‹ – da lag sie, und er schlüpfte hinein; und so ging das weiter, bis er vollständig angezogen war. Aber dann überkam ihn ein großer Schreck, und er sagte zu sich: ›Das alles ist gut und schön, meine Kleider habe ich gefunden und bin angezogen, aber wo bleibe *ich* selbst? Wo in aller Welt bleibe *ich*?‹ Und er schaute und schaute, aber seine Suche war vergeblich; er konnte sich nicht finden. Und ebenso geht es uns, sagte der Rabbi.«

Sie hört auf zu lesen. Die Geschichte gefällt ihm, aber das

Ende – »Wo bin ich?« – scheint ihm nicht so zu gefallen wie der Anfang über das Problem des Mannes und seine Lösung.

Sie selbst kommt sich wie der sehr einfältige Mann vor, nicht nur, weil sie ihre Kleider nicht finden konnte, und nicht nur, weil manchmal, abgesehen vom Ankleiden, auch andere einfache Dinge über ihren Verstand gehen, sondern vor allem, weil sie oft nicht weiß, wo sie ist, und besonders in Hinblick auf diesen Mann weiß sie nicht, wo sie ist. Sie denkt, dass sie wahrscheinlich eine Nullstelle im Leben dieses Mannes ist, der ebenfalls nicht nur nicht in seinem eigenen Haus ist, so wie sie nicht in ihrem eigenen Haus ist, wenn sie ihn besucht, und tatsächlich nicht weiß, wo dieses Haus ist, hier aber dennoch wie in einem Traum ankommt, wobei sie die Straße entlangstolpert und -stürzt, er aber nicht mehr ganz und gar in seinem eigenen Leben ist und sich ebenso fragen könnte: »Wo bin ich?«

Und in der Tat – sie möchte sich selbst einen sehr einfältigen Mann nennen. Kann sie nicht sagen: Diese Frau ist ein sehr einfältiger Mann, genau so wie sie vor ein paar Wochen dachte, sie hätte sich einen Mann mit Bart genannt. Denn wenn sich der sehr einfältige Mann in der Geschichte genau so verhält, wie sie sich verhalten würde oder wie sie sich sogar in eben diesem Augenblick verhält, kann sie sich dann nicht selbst als einen sehr einfältigen Mann ansehen, ganz so wie sie vor ein paar Wochen meinte, dass jeder, der in einem Café am Nachbartisch etwas schrieb, als Mann mit Bart angesehen werden könne? Sie saß in einem Café, und zwei Tische weiter schrieb ein Mann mit Bart etwas, und zwei Frauen kamen zum Lunch herein und störten den Mann mit Bart, und sie schrieb in ihr Notizbuch, dass sie den Mann mit Bart, der am nächsten Tisch etwas schrieb, gestört hätten, und stellte dann fest, dass sie selbst, während sie dies schrieb, an dem nächsten Tisch etwas schrieb, sich wahrscheinlich selbst als Mann mit Bart bezeichnete. Nicht, dass sie sich in irgendeiner Hinsicht verändert hätte, sondern dass die Worte *Mann mit Bart* nun auf sie gemünzt werden konnten. Oder aber sie hatte sich möglicherweise verändert.

Sie hat ihm die Geschichte laut vorgelesen, weil das, was ihr soeben widerfahren war, dem so ähnlich ist, dann aber fragt sie sich, ob es nicht anders herum sei und ob sich die Geschichte am Tag davor irgendwo in ihrem Kopf eingenistet hatte und dass ihr das ermöglicht hatte zu vergessen, wo all ihre Kleider waren und dass sie solche Probleme beim Anziehen hatte. Am späteren oder an einem anderen Vormittag empfindet sie beim Verlassen dieses Mannes, der nicht mehr ganz in seinem Leben ist, das gleiche Gefühl von Einfältigkeit, und als sie sich selbst von Neuem in seinem Leben sucht und nirgendwo finden kann, gibt es weitere Verwirrungen. Sie weint oder könnte weinen, bloß weil es draußen regnet und sie dem Regen nachschaut, der über die Fensterscheiben abwärtsrinnt, und dann fragt sie sich, ob sie eher weint, weil es regnet, oder ob der Regen es ihr überhaupt erst ermöglicht hat zu weinen, da sie nicht oft weint, und schließlich denkt sie, beides, Regen und Tränen, seien dasselbe. Dann gibt es draußen auf der Straße plötzlich an verschiedenen Stellen gleichzeitig einen Riesenkrach – ein paar Autos hupen, der laute Motor eines Lastwagens brüllt auf, bei einem anderen Lastwagen, der über eine holprige Straße rattert, klappern lose Teile, eine Asphaltmaschine walzt etwas nieder –, und der Krach scheint direkt aus ihrem Inneren zu entstehen, so als hätten ihr Ärger und ihre Verwirrung sie ausgeleert und inmitten ihrer Brust für dieses laute Aufeinanderprallen von Metall Platz geschaffen, oder als hätte sie selbst diesen Körper verlassen und für diesen Lärm offen gelassen, und sie fragt sich: Ist dieser Lärm tatsächlich in mich hineingekommen, oder ist etwas in mir auf die Straße hinaus, um solch einen Riesenkrawall zu machen?

Das Hausmädchen

Ich weiß, dass ich nicht hübsch bin. Mein dunkles Haar ist kurz geschnitten und so dünn, dass es meinen Schädel kaum bedeckt. Ich habe einen ungestümen und schiefen Gang, als wäre eins meiner Beine verkrüppelt. Als ich meine Brille kaufte, dachte ich, sie sei elegant – die Brillenfassung ist schwarz und wie Schmetterlingsflügel geformt –, nun aber bin ich draufgekommen, wie schlecht sie mir steht, und ich bleibe auf ihr sitzen, weil ich kein Geld habe, mir eine neue zu kaufen. Meine Haut hat die Farbe eines Krötenbauchs und meine Lippen sind schmal. Aber ich bin nicht annähernd so hässlich wie meine Mutter, die viel älter ist. Ihr Gesicht ist klein und verrunzelt und schwarz wie eine Dörrpflaume, und die Zähne wackeln in ihrem Mund. Ich ertrage es kaum, ihr während des Abendessens gegenüber zu sitzen, und von ihrem Gesicht kann ich ablesen, dass es ihr mit mir genauso geht.

Seit Jahren leben wir zusammen im Kellergeschoss. Sie ist die Köchin; ich bin das Hausmädchen. Wir sind keine guten Bediensteten, aber niemand kann uns entlassen, weil wir immer noch besser sind als die meisten. Meine Mutter träumt davon, dass sie eines Tages genug Geld gespart haben wird, um mich zurückzulassen und auf dem Land zu leben. Mein Traum ist fast der gleiche, außer dass ich, wenn ich wütend und unglücklich bin, über den Tisch zu ihren klauenartigen Händen hinsehe und hoffe, dass sie an ihrem Essen erstickt. Dann könnte mich keiner davon abhalten, in ihre Kammer zu gehen und ihre Sparbüchse aufzuknacken. Ich würde ihre

Kleider anziehen und ihre Hüte aufsetzen und die Fenster ihres Zimmers öffnen, um den Geruch hinauszulassen.

Immer wenn ich spätnachts alleine in der Küche sitze und mir diese Dinge vorstelle, bin ich am nächsten Tag krank. Dann ist es meine Mutter, die mich pflegt, die ihre Aufgaben in der Küche vernachlässigt, mir Wasser zum Mund führt und meinem Gesicht mit der Fliegenklatsche Luft zufächelt, und ich bemühe mich, mir einzureden, dass sie sich im Stillen nicht hämisch über meine Schwäche freut.

Die Dinge waren nicht immer so. Als Mr. Martin in den Räumen über uns lebte, waren wir glücklicher, obwohl wir selten miteinander sprachen. Ich war um nichts hübscher als heute, aber ich trug meine Brille niemals in seiner Anwesenheit und achtete darauf, mich gerade zu halten und elegant zu gehen. Immer wieder stolperte ich und fiel direkt auf mein Gesicht, weil ich nicht sehen konnte, wo ich hintrat; ich hatte die ganze Nacht lang Schmerzen, weil ich beim Gehen versuchte, meinen kugelrunden Bauch einzuziehen. Aber nichts von alledem konnte mich davon abhalten, mich anzustrengen, jemand zu sein, den Mr. Martin gern haben konnte. Ich zerbrach damals viel mehr Dinge als heute, weil ich nicht sehen konnte, wo meine Hand hingriff, wenn ich die Vasen im Salon abstaubte und die Spiegel im Esszimmer mit dem Schwamm abwischte. Aber Mr. Martin merkte das kaum. Er fuhr aus seinem Kaminsessel hoch, wenn das Glas zerbrach, und starrte irgendwie verwirrt zur Zimmerdecke. Einen Augenblick später – ich hielt neben den glitzernden Scherben meinen Atem an – fuhr er sich mit der Hand in dem weißen Handschuh über die Stirn und setzte sich wieder hin.

Er sprach niemals ein Wort mit mir, allerdings hörte ich ihn auch nie mit jemand anderem reden. Ich stellte mir seine

Stimme warm und ein wenig heiser vor. Vielleicht stotterte er, wenn er emotional war. Ich sah nie sein Gesicht, weil es hinter einer Maske verborgen war. Die Maske war bleich und gummiartig. Sie bedeckte jeden Zoll seines Kopfes und verschwand unter seinem Hemdkragen. Zu Beginn regte mich das auf; als ich sie zum ersten Mal sah, verlor ich meinen Kopf und rannte aus dem Zimmer. Alles an ihr versetzte mich in Schrecken – der klaffend offene Mund, die winzigen Ohren, die wie getrocknete Aprikosen aussahen, das schlecht schwarzgefärbte Haar, das, zu Wellen gefroren, auf seinem Scheitel saß, und die leeren Augenhöhlen. Das war genug, um Albträume zu bekommen, und zu Beginn wälzte ich mich im Bett und warf mich hin und her, bis ich beinahe an den Laken erstickte.

Schritt für Schritt gewöhnte ich mich daran. Ich fing an, mir Mr. Martins echten Gesichtsausdruck vorzustellen. Ich sah die leichte Röte, die seine graue Wange überzog, wenn ich ihn dabei überraschte, wie er über seinem Buch, in Tagträume versunken, dasaß. Ich sah, wie sein Mund bebte – Mitleid und Bewunderung –, wenn er mir bei der Arbeit zusah. Ich schenkte ihm einen kurzen vielsagenden Blick und warf meinen Kopf zurück, und auf seinem Gesicht breitete sich ein Lächeln aus.

Dann und wann aber, wenn ich den Blick seiner blassgrauen Augen auf mir spürte, hatte ich das unangenehme Gefühl, dass ich völlig falsch lag und dass er möglicherweise nie auf mich reagierte – ein dummes, ungeschicktes Hausmädchen; und dass er, sollte eines Tages ein anderes Hausmädchen das Zimmer betreten und anfangen abzustauben, bloß kurz von seinem Buch aufsehen und weiterlesen würde, ohne die Veränderung wahrgenommen zu haben. Von Zweifeln erschüttert, würde ich mit tauben Händen weiter kehren und scheuern, so als wäre nichts geschehen, und bald würden die Zweifel wieder verschwinden.

Um Mr. Martins willen übernahm ich mehr und mehr Arbeiten. Hatten wir anfänglich seine Wäsche zur Reinigung außer Haus gebracht, fing ich an, sie selbst zu waschen, obwohl es mir nicht so gut gelang. Seine Unterwäsche wurde schmuddelig, und seine Hosen waren schlecht gebügelt, aber er beklagte sich nicht. Meine Hände wurden runzelig und schwollen an, aber das machte mir nichts aus. War der Gärtner früher einmal die Woche gekommen, um im Sommer die Hecken zu trimmen und im Winter die Rosenbüsche mit Sackleinen zuzudecken, übernahm nun ich diese Pflichten, entließ den Gärtner persönlich und arbeitete im Winter Tag für Tag bei hässlichstem Wetter. Zunächst litt der Garten darunter, aber nach einer Weile lebte er wieder auf: Wildblumen in allen Farben verdrängten die Rosen, und dichtes grünes Gras spross zwischen dem Kies der Gehwege hervor. Ich wurde stark und widerstandsfähig, und es war mir egal, dass sich auf meinem Gesicht plötzlich Schwielen bildeten, dass die Haut auf meinen Fingern austrocknete und rissig wurde oder dass ich durch die viele Arbeit dünn und ausgelaugt war und wie ein Pferd roch. Meine Mutter beschwerte sich. Aber ich dachte, dass mein Körper ein unbedeutendes Opfer sei.

Manchmal stellte ich mir vor, ich sei Mr. Martins Tochter, dann, ich sei seine Frau, und ein anderes Mal sogar, ich sei sein Hund. Ich vergaß, dass ich nicht mehr und nicht weniger war als ein Hausmädchen.

Meine Mutter bekam ihn niemals zu Gesicht, und das machte mein Verhältnis zu ihm noch geheimnisvoller. Tagsüber stand sie unten in der dampfenden Küche, bereitete seine Mahlzeiten zu und saugte nervös an ihrem zahnlosen Kiefer. Nur am Abend trat sie vor die Tür, stand, indem sie sich mit beiden Armen umfasste, neben dem verblühenden Fliederbusch und sah zu den Wolken hoch. Manchmal fragte ich mich, wie sie immer weiter für einen Mann, den sie noch nie gesehen hatte, arbeiten konnte, aber so war sie eben. Ich brachte ihr jeden Monat Geld in einem Briefumschlag, das sie entgegennahm und mit ihrem restlichen Geld versteckte. Sie fragte mich nie, wie er denn so sei, und ich meinerseits erzählte freiwillig nie etwas. Ich denke, dass sie nicht fragte, wer er sei, weil sie noch nicht einmal verstand, wer ich war. Vielleicht glaubte sie, sie koche wie andere Frauen für Mann und Familie und ich sei ihre jüngere Schwester. Manchmal sagte sie, sie werde den Berg hinuntergehen, obwohl wir gar nicht auf einem Berg leben, oder sie wolle die Kartoffeln ausbuddeln, obwohl es in unserem Garten gar keine Kartoffeln gibt. Das brachte mich auf die Palme, und ich wollte dazwischenfahren, um sie aus dem Gleichgewicht zu bringen, indem ich plötzlich aufschrie oder ihr die gefletschten Zähne zeigte. Aber das machte keinerlei Eindruck auf sie, und so musste ich warten, bis sie mich endlich beim Namen rief, so als wäre nichts gewesen. Da sie wegen Mr. Martin keinerlei Neugier zeigte, ließ sie mich in Frieden, damit ich mich ganz so, wie ich wollte, um ihn kümmern konnte, ihm, wenn er aus dem Haus ging oder einen seiner seltenen Spaziergänge machte, nicht von der Seite wich, hinter der Schwingtür des Esszimmers herumhing und ihn durch einen Spalt beobachtete, seinen Hausrock ausbürstete und den Staub von den Sohlen seiner Hausschuhe wischte.

Aber dieses Glück währte nicht ewig. Mitten im Sommer wachte ich eines Sonntagmorgens besonders früh auf und sah das helle Sonnenlicht in die Diele strömen, wo ich schlief. Ich lag lange im Bett und hörte den Zaunkönigen zu, die in den Büschen draußen sitzen und singen, und blickte den Schwalben nach, die am anderen Ende des Flurs durch das zerbrochene Fenster ein und aus flogen. Ich stand auf und wusch mir wie immer gründlich das Gesicht und putzte mir die Zähne. Es war heiß. Ich zog mir ein frisch gewaschenes Sommerkleid über und schlüpfte in meine Leder-Pumps. Zum letzten Mal in meinem Leben ertränkte ich meinen Körpergeruch in Rosenwasser. Die Kirchenglocken fingen an, wie verrückt zehn Uhr zu läuten. Als ich hinaufging, um Mr. Martin das Frühstück auf den Tisch zu stellen, war er nicht da. Ich wartete neben seinem Stuhl – gefühlte Stunden lang. Ich fing an das Haus zu durchsuchen. Zuerst ängstlich, dann in fieberhafter Eile, so als schlüpfte er jedes Mal, wenn ich einen Raum betrat, gerade aus diesem hinaus. Ich suchte ihn überall. Erst als ich bemerkte, dass die Kleider aus dem Garderobenschrank verschwunden waren und sein Bücherschrank leer, konnte ich mir eingestehen, dass er verschwunden war. Auch da und noch Tage danach dachte ich, er könnte zurückkommen.

Eine Woche danach kam eine alte Frau mit drei oder vier schäbigen Koffern und fing an, ihren billigen Nippes in Reih und Glied auf den Kaminsims zu stellen. Da begriff ich, dass Mr. Martin ohne ein Wort der Erklärung, ohne Rücksicht auf meine Gefühle und sogar ohne ein Geldgeschenk seine Sachen gepackt hatte und für immer verschwunden war.

Dies hier ist bloß ein Miethaus. Meine Mutter und ich sind Teil der Miete. Die Leute kommen und gehen, und alle paar Jahre zieht ein neuer Mieter ein. Ich hätte damit rechnen können, dass auch Mr. Martin eines Tages ausziehen würde. Aber ich habe nicht damit gerechnet. Nach diesem Tag war ich lange krank, und meine Mutter, die ich immer abstoßender empfand, rackerte sich ab, brachte mir Fleischbrühe und kalte Gurken, nach denen ich lechzte. Nach meiner Erkrankung sah ich aus wie eine Leiche. Mein Atem stank. Meine Mutter wandte sich voller Ekel von mir ab. Die Mieter schauderten zurück, wenn ich in meiner tollpatschigen Art das Zimmer betrat und dabei über die Türschwelle stolperte, obwohl meine Brille wieder wie ein Schmetterling auf meinem schmalen Nasenrücken saß.

Ich war nie ein gutes Hausmädchen, aber heute bin ich, obwohl ich mich sehr bemühe, so schlampig, dass manche Mieter glauben, ich würde die Zimmer überhaupt nicht putzen, und andere denken, ich wolle sie absichtlich vor ihren Gästen blamieren. Aber wenn sie mich zurechtweisen, antworte ich nichts. Ich sehe sie bloß gleichgültig an und mache mit meiner Arbeit weiter. Sie haben noch nie eine solche Enttäuschung erlebt wie ich.

Die kleinen Häuser

1. Einerseits – andererseits

Sie ist neunundsiebzig oder so, und einerseits ist es schwierig, mit ihr zu reden (sie ist zum Abendessen gekommen, wir sind nur zu zweit; sie isst viel mehr, als ich das einer alten Dame zugetraut hätte, und selbst nach mehrmaligem Nachschlag, den sie sich vom Hauptgericht und vom Dessert geholt hat, gräbt sie mit ihren knotigen Fingern in der Rosinenbox herum und verteilt Rosinen auf ihren leergegessenen Teller und reiht sie nervös hintereinander auf und wirft sie sich in den Mund, während sie spricht, und wenn sie auf ihre Unterlippe herauskullern, dann schubst sie sie wieder zurück), es ist schwierig, mit ihr zu reden, weil sie bloß vier oder fünf Dinge hat, über die sie reden will, und dann vergisst sie den Namen von allem und jedem, über den oder das sie reden möchte, und wenn sie nach Worten für die Beschreibung der Sache ringt, deren Namen sie vergessen hat, dann vergisst sie das Wort, das sie braucht, um für mich die erste Sache zu beschreiben, die sie vergessen hat (sie schließt ihre Augen, legt ihren Kopf zurück und klopft mit ihren knotigen Fingern auf das Tischtuch), und während dieser Beschreibung vergisst sie, weil sie so lange damit herumgetan hat, warum sie damit angefangen hat und hört urplötzlich auf oder lenkt das Gespräch in eine ganz andere Richtung (sie redet mit geschlossenen Augen, ihr drahtiges Haar ist mit einem dünnen Stück Zwirn zurückgebunden, und dann macht sie ihre Augen auf und schreit ihren sich streckenden Hund an, er solle sich hinlegen, und wenn sich der Hund hinlegt, dann tritt sie, noch gereizter, gegen seinen Kopf, und er rollt zurück, die Augen angstgeweitet); andererseits kommt sie, obwohl sie nur vier oder fünf Themen hat, mit dem, was sie zu sagen hat, nicht zum Ende, weil sie völlig vergessen hat, dass sie eine Bemerkung gemacht oder eine Frage gestellt und schon eine Antwort darauf bekommen hat, sodass sie nun wieder fragt und ich wieder antworte, und sie wieder eine Bemerkung macht, und das wiederholt sich in Abständen während des ganzen Abendessens und später auch noch (ich kann ihr die Wahrheit einfach nicht sagen; es gibt meine Wahrheit und ihre Erinnerung daran; ich kenne einen Freund von ihr nicht, aber den ganzen Abend fragt sie, ob ich ihn kenne), aber manchmal erzählt sie mir etwas über die Weltwirtschaftskrise und die Apartments, die sie in der Stadt besaß, und dann darüber, dass ihr Mann eine eigene Kolumne für die lokale Zeitung verfasst hat und dass sie keinen zweiten Schreiber kannte, der so gut schrieb wie er, und das ist dann ein Teil einer einzigen langen Geschichte, und sie erinnert sich an alles, was passiert ist, und sie erinnert sich, obwohl sie beim nächsten Wiedersehen vergessen haben wird, dass sie es mir soeben erzählt hat, wenn auch bloß mit Müh und Not.

2. Lillian

Lillian ist – mit ihrer Mütze aus weißem Haar und ihren knöchelhohen Socken und den geschnürten braunen Schuhen – eine kleine alte Frau, die vor Sonnenaufgang an ihrer Spüle arbeitet (ich höre das durch die Wand dieser Hütte, die zwischen den Bäumen über dem schilfbestandenen See mit seinen Ufern aus schwarzem Schlamm und seinem Steg aus splittrigem Holz steht), die ihr weißes Leinenzeug mit der Hand wäscht und neben dem kleinen Haus an Wäscheleinen aufhängt und am späten Vormittag abnimmt. Nun sitzt sie am Picknicktisch und richtet ihre weißumrandete Brille auf die Bilder in einem Buch über polnische Juden, das sie gerade liest, und wenn ich vorbeigehe und etwas frage, dann sagt sie, dass sie nicht wirklich liest, sondern an saure Äpfel und ihre Töchter denkt, den ganzen Tag hat sie auf ihre beiden großen Töchter gewartet und auch darauf, ihnen Gerichte aus ihrer Kindheit zu kochen; aber obwohl sie den ganzen Tag sauber ist und auf alles vorbereitet, kommen ihre Töchter nicht und rufen auch nicht an. Von Zeit zu Zeit sehe ich hinaus, und sie sitzt immer noch alleine da, und sie wird sie nicht anrufen, weil sie Angst hat, ihnen auf die Nerven zu gehen, und weil sie enttäuscht ist, denkt sie wieder an das, woran sie schon früher gedacht hat, dass sie zu weit weg ist und dass sie nie mehr zu diesem kleinen Haus zurückkehren wird, obwohl sie schon so viele Jahre hierhergekommen ist, zunächst mit ihrem, dann ohne ihren Mann, der zwischen zwei Sommern verstarb, und sie denkt auch daran, welche Schwierigkeiten sie allen bereitet; nun, das schert keinen!, habe ich zu ihr gesagt, aber das wird sie niemals glauben, so wenig wie sie ihren alten Körper entblößen wird, um mit den anderen alten Leuten hier zu schwimmen, weshalb sie in der Morgendämmerung alleine zum See geht; und jetzt legt sie ihr Buch und ihre Brille zur Seite und stellt ihre aufgeschnürten Schuhe neben das Bett und geht zu Bett, denn es ist Abend, und sie liegt gerne so da und schaut zu, wie sich die Dunkelheit auf den Wald herabsenkt, obwohl sie ihm heute Nacht nicht wirklich zuschaut – wie schon so manches Mal davor –, oder obwohl ihr Blick auf den dunkelnden Wald gerichtet ist, schaut sie nicht so sehr zu, wie sie wartet, und oft, jetzt, fühlt sie, dass sie wartet.

Liebe ohne jegliches Risiko

Sie liebte den Kinderarzt ihres Sohnes. Allein, draußen auf dem Land – wer sollte ihr da einen Vorwurf machen.

Es lag etwas von einer großen Leidenschaft in dieser Liebe. Sie war auch ohne jegliches Risiko. Der Mann stand auf der anderen Seite einer Schranke. Zwischen ihm und ihr: das Kind auf dem Untersuchungstisch, die Praxis selbst, die Mitarbeiter, seine Frau, ihr Ehemann, sein Stethoskop, sein Bart, ihre Brüste, seine Brille, ihre Brille usw.

Problem

X ist mit Y zusammen, lebt aber von Zs Geld. Y seinerseits unterstützt W, die mit ihrem Kind von V lebt. V möchte nach Chicago ziehen, aber sein Kind lebt bei W in New York. W kann nicht wegziehen, weil sie in einer Beziehung mit U lebt, dessen Kind ebenfalls in New York lebt, wenn auch bei dessen Mutter, T. T nimmt Geld von U, W nimmt Geld von Y für sich selbst und von V für ihr gemeinsames Kind, und X nimmt Geld von Z. X und Y haben keine gemeinsamen Kinder. V sieht sein Kind selten, kommt aber für es auf. U lebt mit Ws Kind, kommt aber nicht für es auf.

Was eine alte Frau tragen wird

Sie freute sich darauf, eine alte Frau zu sein und seltsame Kleider zu tragen. Sie würde ein dunkelbraunes oder schwarzes Kleid ohne Schnitt aus dünnem Stoff tragen, vielleicht mit kleinen Blumen drauf, ganz bestimmt mit zerfranstem Kragen und Saum und Ärmelloch, das von ihren knochigen Schultern und über ihre knochigen Hüften und Knie schief herabhängt. Im Sommer würde sie zu ihrem braunen Kleid einen Strohhut tragen und dann, in der kalten Jahreszeit, einen Turban oder eine Mütze und einen warmen Mantel aus irgendeinem schwarzen und wuscheligen Zeug wie Schafwolle. Weniger interessant wären ihre schwarzen Schuhe mit den quadratischen Absätzen und ihren dicken Strümpfen, die sich an ihren Knöcheln zusammenringelten.

Aber bevor sie so alt wäre, wäre sie schon ein gutes Stück älter als jetzt, und sie freute sich auch schon darauf, dieses Alter zu erreichen, in dem sie, sozusagen, jenseits der Blüte ihrer Jahre wäre und entschleunigen würde.

Hätte sie einen Ehemann, säße sie mit ihrem Ehemann draußen auf der Wiese. Sie hoffte, sie würde bis dahin einen Ehemann haben. Oder noch immer einen haben. Sie hatte vor Zeiten einen Ehemann gehabt, und es erstaunte sie nicht, dass sie vor Zeiten einen gehabt hatte und jetzt keinen hatte und darauf hoffte, später in ihrem Leben einen zu haben. Alles schien im Großen und Ganzen in der richtigen Reihenfolge abzulaufen. Sie hatte auch ein Kind gehabt; das Kind wuchs jetzt heran, und in ein paar Jahren würde das Kind erwachsen sein, und sie würde langsamer treten und jemanden haben wollen, mit dem sie reden konnte.

Ihrem Freund Mitchell erzählte sie, als sie zusammen auf einer Parkbank saßen, dass sie sich auf ihre späten mittleren Jahre freue. Sie konnte so dazu sagen, da sie jetzt jenseits jener Jahre war, die ein anderer Freund ihre späte Jugend genannt hatte, und ein gutes Stück ihrer frühen mittleren Jahren hinter sich hatte. Es wird so viel ruhiger sein, sagte sie zu Mitchell, wegen des nicht mehr vorhandenen sexuellen Verlangens.

Nicht mehr vorhanden?, sagte er, und er schien verärgert, obwohl er nicht älter war als sie.

Also gut, das Schwächer-Werden des sexuellen Verlangens, sagte sie. Er sah sie zweifelnd an, soweit sie das beurteilen konnte, obwohl er an diesem Nachmittag nicht gut drauf war und für alles und jedes, was sie bis dahin gesagt hatte, bloß zweifelnde oder ärgerliche Blicke gehabt hatte.

Dann antwortete er, als wäre das eine Sache, der er sich ganz sicher war, während sie sich keineswegs sicher war, dass dieses Alter ein Mehr an Weisheit mit sich bringen würde. Aber denk an die Schmerzen, fuhr er fort, oder bestenfalls an die jeweiligen gesundheitlichen Probleme, und dabei zeigte er auf ein Paar in fortgeschrittenen mittleren Jahren, das nun, Arm in Arm, zusammen den Park betrat. Sie hatte die beiden bereits beobachtet.

In diesem Augenblick, sagte er, haben sie wahrscheinlich Schmerzen. Und es stimmte, dass sie sich, obwohl sie sich gerade hielten, zu fest aneinanderklammerten und dass sich der Mann bei seinen Schritten vorwärtstastete. Wer konnte sagen, an welchen Schmerzen sie möglicherweise litten? Sie dachte an all die Leute mittleren und hohen Alters in dieser Stadt, deren Schmerzen nicht immer von ihren Gesichtern ablesbar waren.

Jawohl, es war das hohe Alter, in dem alles zusammenbrechen würde. Ihr Hörvermögen würde sie im Stich lassen. Es ließ sie jetzt schon im Stich. In bestimmten Situationen musste sie die Hände wie Trichter um ihre Ohren halten, damit sie Wörter überhaupt klar unterscheiden konnte. Sie würde sich an beiden Augen wegen des Grauen Stars operieren lassen, und davor würde sie direkt vor ihr liegende Dinge nur als Punkte in Münzengröße wahrnehmen und zu den Seiten gar nichts. Sie würde Dinge verlegen. Sie hoffte, dass sie ihre Beine noch gebrauchen können würde.

Sie würde das Postamt mit einem Strohhut, der zu weit oben auf ihrem Kopf saß, betreten. Sie würde ihre Angelegenheiten erledigen und sich vom Schalter den Weg nach draußen bahnen, vorbei an einer Schlange wartender Menschen, unter ihnen ein kleines Baby, das in seinem Kinderwagen flach auf dem Rücken läge. Sie würde das Baby bemerken, auf dem Gesicht ein neid- und schmerzerfülltes Lächeln, bei dem sie ein paar Zähne zeigen würde, würde sich laut hörbar an die Menschenschlange richten, die darauf nicht reagieren würde, und würde hinübergehen, um das Baby anzusehen.

Sie wäre dann sechsundsiebzig und würde sich eine Weile niederlegen müssen, weil sie geredet hatte und vorhatte, später am Abend weiterzureden. Sie wollte auf eine Party gehen, nur um sich zu vergewissern, dass bestimmte Leute zur Kenntnis nahmen, dass sie noch immer am Leben war. Während der Party würde es so gut wie jeder vermeiden, mit ihr ins Gespräch zu kommen, und niemand würde sie dafür bewundern, wie viel sie trank.

Sie würde Schlafschwierigkeiten haben, oft in der Nacht aufwachen und bis morgens früh, wenn es noch dunkel war, wach bleiben und sich so alleine in der Welt fühlen, wie das nur überhaupt möglich war. Sie würde früh aus dem Haus gehen und manchmal eine kleine Pflanze aus dem Garten des

Nachbarn ausgraben, nachdem sie sich zunächst davon überzeugt hatte, dass die Jalousien ihres Nachbarn unten waren. Wenn sie in einem Zug oder Bus saß, mit Blick auf die Landschaft vor dem Fenster, würde sie eine Stunde lang in einem fort summen, und das mit schriller, zittriger Stimme, die ein wenig an die eines Moskitos erinnerte, sodass die Leute in ihrer Umgebung genervt wären. Wenn sie dann zu summen aufhörte, würde sie einschlafen, den Kopf nach hinten gekippt, den Mund offen.

Aber zunächst würde sich alles entschleunigen, bald nach den besten Jahren, wenn nicht mehr so viel los wäre, nicht so viel wie jetzt, wenn sie ihre Erwartungen nicht mehr so hoch steckte, nicht so hoch wie jetzt, wenn sie eine bestimmte Position, an der sich wahrscheinlich nichts mehr ändern würde, entweder schon innehätte oder auch nicht, und wenn sie, das wäre am besten, einige fixe Gewohnheiten entwickelt hätte, sodass sie wüsste, sie würden sich, zum Beispiel nach dem Abendessen, hinaus auf die Wiese setzen, sie und ihr Mann, und an den langen Sommerabenden ihre Bücher lesen, ihr Mann in Shorts und sie in einem sauberen Rock und einer Bluse, die nackten Füße auf dem Rand seines Stuhls, und vielleicht wäre sogar ihre Mutter oder seine Mutter da, die ein Buch lesen würden, und die Mutter wäre zwanzig Jahre älter als sie jetzt und deshalb schon hoch in fortgeschrittenem Alter, aber immer noch so gut drauf, dass sie den Garten umgraben könnte, und alle würden sie gemeinsam den Garten umgraben und Blätter auflesen oder den Garten planen; und unter freiem Himmel würden sie auf diesem kleinen Stück Land stehen, hier in der Stadt, und gemeinsam planen, wie es sein sollte, was sie umgab, wenn sie am Abend auf drei Klappstühlen eng zusammen saßen, lasen und kaum ein Wort sprachen.

Sie freue sich aber nicht nur auf dieses Alter, sagte sie zu

Mitchell, wenn die Dinge entschleunigt wären und sie einen Mann hätte, der auch schon langsamer träte, sie freute sich auch auf die Zeit etwa zwanzig Jahre danach, wenn sie jeden Hut tragen konnte, den sie tragen wollte, und sich nicht darum zu kümmern brauchte, ob sie albern aussah, und sie würde nicht einmal einen Mann haben, der zu ihr sagen würde, dass sie albern aussah.

Ihr Freund Mitchell schien sie überhaupt nicht zu verstehen.

Dennoch wusste sie selbstverständlich, dass es stimmte, dass ein Hut und diese Freiheit nicht für alles andere entschädigen würden, das sie mit dem Nahen des hohen Alters verloren hätte. Und nun, nachdem sie das laut ausgesprochen hatte, dachte sie, dass nicht einmal der Gedanke an eine solche Freiheit etwas Freudvolles hatte.

Die Socke

Mein Mann ist jetzt mit einer anderen Frau verheiratet, sie ist kleiner als ich, etwa fünf Fuß groß, kräftiger Körperbau, und natürlich sieht er größer aus als früher und schmaler, und sein Kopf sieht kleiner aus. Neben ihr komme ich mir knochig und unbeholfen vor, und sie ist zu klein, als dass ich ihr in die Augen sehen könnte, auch wenn ich mich anstrenge, im richtigen Winkel zu ihr zu stehen oder zu sitzen, damit mir das gelingt. Ich hatte einmal eine klare Vorstellung von dem Typ Frau, den er heiraten sollte, wenn er wieder heiratet, aber keine seiner Freundinnen entsprach ganz dem, was ich mir vorgestellt hatte, und diese am allerwenigsten.

Letzten Sommer kamen sie für ein paar Wochen hierher, um meinen Sohn zu besuchen, unser beider Sohn. Es gab ein paar heikle Momente, aber wir hatten auch gute Zeiten, obwohl natürlich auch die guten Zeiten etwas unangenehm waren. Die beiden schienen viel Entgegenkommen von mir zu erwarten, vielleicht weil sie krank war – sie hatte Schmerzen und war launisch und hatte Ringe unter den Augen. Sie benutzten mein Telefon und andere Dinge in meinem Haus. Sie wanderten langsam vom Strand zu meinem Haus herauf, um zu duschen, und gingen am späten Abend wieder frisch und sauber weg, Hand in Hand, zwischen ihnen mein Sohn. Ich gab eine Party, und sie kamen und tanzten miteinander, beeindruckten meine Freunde und blieben bis zum Ende. Ich scheute für die beiden keine Mühe, hauptsächlich wegen unseres Jungen. Ich dachte, wir sollten um seinetwillen alle gut miteinander auskommen. Nach dem Ende ihres Besuchs war ich erschöpft.

Für den Abend, bevor sie wieder wegfuhren, planten wir, mit seiner Mutter zum Dinner in ein vietnamesisches Restaurant zu gehen. Seine Mutter flog aus einer anderen Stadt zu uns, und tags darauf wollten die drei zusammen weiterfahren, in den mittleren Westen. Die Eltern seiner Frau richteten ihnen eine große Hochzeitsfeier aus, damit ihn alle Leute, mit denen sie aufgewachsen war, die vierschrötigen Bauern samt Familien, kennenlernen konnten.

Als ich an diesem Abend zu ihrem Quartier in der Stadt fuhr, nahm ich mit, was sie in meinem Haus vergessen hatten und ich bis dahin gefunden hatte: ein Buch neben der Tür des Wandschranks, und irgendwo anders eine seiner Socken. Ich fuhr zu dem Haus hinauf, und auf dem Gehsteig davor sah ich meinen Mann stehen, der mich zu sich winkte. Er wollte mit mir reden, bevor ich hineinging. Er sagte mir, seiner Mutter gehe es schlecht und sie könne nicht bei ihnen bleiben, und er bat mich, sie später mit zu mir nach Hause mitzunehmen. Ohne nachzudenken, sagte ich zu. Ich dachte nicht daran, wie sie sich in meinem Haus umsehen und wie ich unter ihren prüfenden Blicken das Allerschlimmste aufräumen würde.

Sie saßen sich in der Lobby in zwei Armstühlen gegenüber, diese zwei kleinen Frauen, beide auf unterschiedliche Weise schön, beide mit dick aufgetragenem Lippenstift in unterschiedlichen Farbtönen, beide, so dachte ich später, in unterschiedlicher Weise zart und zerbrechlich. Der Grund dafür, dass sie da saßen, war, dass seine Mutter Angst davor hatte, Treppen hinaufzugehen. Sie hatte keine Probleme damit, in einem Flugzeug zu fliegen, aber in einem Apartmenthaus konnte sie nicht mehr als ein Stockwerk hochsteigen. Das war heute schlimmer als früher. Damals konnte sie sich, wenn es sein musste und wenn die Fenster nur fest verschlossen waren, im achten Stock aufhalten.

Bevor wir zum Dinner ausgingen, brachte mein Mann das Buch ins Apartment hinauf, aber die Socke hatte er sich, als ich sie ihm draußen auf der Straße gab, gedankenlos in die Gesäßtasche gesteckt, und dort blieb sie auch während des Essens im Restaurant, wo seine Mutter in ihren schwarzen Kleidern am Ende des Tisches einem leeren Stuhl gegenüber saß und manchmal mit meinem Sohn spielte, mit seinen Autos, und, wegen der Pfefferkörner und anderer starker Gewürze, die in ihrem Essen sein mochten, manchmal Fragen an meinen Mann und dann wieder an mich richtete und anschließend an seine Frau. Nachdem wir alle das Restaurant verlassen hatten und auf dem Parkplatz standen, holte er die Socke aus seiner Tasche und sah sie an, erstaunt darüber, wie sie dort hingekommen war.

Es war eine Kleinigkeit, aber später konnte ich die Socke nicht vergessen, weil da diese eine Socke in seiner Gesäßtasche steckte, in einer unbekannten Gegend, weit draußen im östlichen Teil der Stadt in einem vietnamesischen Ghetto, umgeben von Massagesalons, und keiner von uns kannte diese Stadt wirklich, aber da waren wir, alle zusammen, und es war merkwürdig, weil ich immer noch das Gefühl hatte, er und ich seien ein Paar; wir waren lange zusammen gewesen, und ich konnte nicht anders, ich musste an all seine anderen Socken denken, die ich, steif von seinem Schweiß und fadenscheinig an der Sohle, während unseres gemeinsamen Lebens an den unterschiedlichsten Orten aufgehoben hatte, und dann an seine Füße in diesen Socken und wie die Haut an den Zehenballen und Fersen, wo das Gewebe abgescheuert war, durchschimmerte; daran, wie er, auf dem Rücken liegend, auf dem Bett las, die Füße an den Knöcheln überkreuzt, sodass seine

Zehen in unterschiedliche Ecken des Zimmers zeigten; wie er sich dann zur Seite drehte, die Füße aufeinandergelegt wie zwei Hälften einer Frucht; wie er, während er immer noch las, hinuntergriff und die Socken auszog und in kleinen Bällen auf den Boden fallen ließ und wieder hinuntergriff und, während er las, an seinen Zehen zupfte; manchmal teilte er mit mir, was er las und dachte, und manchmal wusste er nicht, ob ich im Zimmer war oder sonstwo.

Ich konnte es später nicht vergessen, obwohl ich nach ihrer Abreise ein paar andere Dinge fand, die sie vergessen hatten oder, vielmehr, die seine Frau in einer meiner Jackentaschen zurückgelassen hatte – einen roten Kamm, einen roten Lippenstift, ein Fläschchen mit Pillen. Eine Zeit lang standen diese Dinge in einer kleinen Dreiergruppe einmal auf der Arbeitsplatte in der Küche, dann auf einer anderen, und ich dachte mir dabei, ich würde sie ihr schicken, weil ich dachte, die Medizin sei möglicherweise wichtig, aber ich vergaß danach zu fragen, bis ich sie schließlich in eine Schublade räumte, um sie ihr zurückzugeben, wenn sie wieder kämen, denn das würde nicht mehr lange dauern, und, wenn ich nur daran dachte, war ich schon wieder total erschöpft.

Fünf Anzeichen von Verstörung

Zurück in der Stadt, ist sie die meiste Zeit alleine. Es ist ein großes Apartment, das nicht ihr gehört, auch wenn es ihr nicht fremd ist.

Sie verbringt ihre Tage alleine, versucht zu arbeiten und blickt manchmal von ihrer Arbeit auf, um sich darüber den Kopf zu zerbrechen, wie sie eine Bleibe für sich finden soll, weil sie in diesem Apartment nicht länger als bis Sommerende wohnen kann. Am späten Nachmittag kommt ihr dann der Gedanke, dass sie jemanden anrufen sollte.

Sie beobachtet alles sehr genau: sich selbst, dieses Apartment, was draußen vor den Fenstern los ist und das Wetter.

An einem Tag gewittert es, düsteres fahlgelbes und grünes Licht auf der Straße und schwarzes Licht in der engen Seitengasse. Sie blickt in dieses Gässchen und sieht Schaum über den Beton laufen, den der Regen aus dem Rinnstein herausgewaschen hat. Darauf folgt ein Tag mit starkem Wind.

Nun steht sie neben der Tür und betrachtet prüfend den Türknopf. Er ist aus Messing, bewegt sich von selbst, ganz schwach, dreht sich vor und zurück, dann wackelt er. Sie erschrickt, dann hört sie, wie jenseits der Türschwelle ein Fuß davonschlurft und ein Tuch über die Türfüllung wischt und andere leise Geräusche, und kurz darauf ist ihr klar, dass es der Pförtner ist, um die Tür von außen zu reinigen. Aber sie geht nicht eher weg, bevor nicht der Türknopf aufhört sich zu bewegen.

Sie schaut oft auf die Uhr und weiß genau, wie spät es jetzt ist, und auch nach weiteren zehn Minuten, obwohl sie nicht wissen muss, wie spät es ist. Sie weiß auch ganz genau, was sie fühlt: im Moment Unbehagen und in zehn Minuten Wut. Sie hat es so satt, zu wissen, was sie fühlt, aber sie kann damit nicht aufhören – so als würde sie sich in Luft auflösen (vom Kurs abweichen), wenn sie ihre Beobachtungen länger als einen Augenblick einstellen würde.

Aus der Küche dringt helles Licht. Sie hat dort kein Licht eingeschaltet. Das Licht kommt durch das offene Fenster herein (es ist Spätsommer). Es ist Morgen.

An einem anderen Tag fällt das Licht der frühen, niedrig stehenden Sonne auf den Park an der anderen Straßenseite, auf dessen nahe gelegenen Rand, sodass ein bloßer Baumstamm und die äußeren Blätter der Bäume auf dieser Seite des Baumbestands vom Sonnenlicht weiß schimmern, als hätte jemand eine Handvoll grauer Staubkörner über ihnen ausgeschüttet. Dahinter: Dunkelheit.

Sie steht am Fenster zur Straßenseite und blickt auf den Park, und vor ihren Augen auf dem Fensterbrett haben die Pflanzen ein paar Blätter fallen gelassen.

Sie weiß, dass ihre Stimme, wenn sie telefoniert, etwas vermitteln wird, das niemand hören möchte. Und sie wird ein Problem haben, dass man ihr zuhört.

Mitten während der chaotischen Geräusche aus dem Wohnhof (abends katalogisiert sie: das Klappern von Geschirr, eine E-Gitarre, ein Frauengelächter, eine Toilettenspülung, ein Fernseher, fließendes Wasser) bricht plötzlich ein Streit zwischen einem Mann und seiner Mutter aus (er schreit mit tiefer Stimme: »Mutter!«).

Nachdem sie nach ein paar Jahren zurückgekommen ist, denkt sie, dass dies ein Ort voller Probleme ist.

Sie sieht sehr viel fern, obwohl es nur sehr wenig gibt, das ihr gefällt, und außerdem hat sie Probleme, sich auf das Bild zu konzentrieren. Sie sieht sich alles an, was klar und deutlich hereinkommt, auch wenn sie es manchmal abstoßend findet. Eines Abends sieht sie sich in einem Film zwei Stunden lang ein Gesicht an und spürt, dass sich inzwischen ihr eigenes Gesicht verändert hat. Am nächsten Abend zur gleichen Zeit schaut sie nicht fern und denkt: Es mag die gleiche Zeit sein, aber es ist nicht die gleiche Nacht.

Als sie später die Anzeichen der Verstörung zählt und auflistet, haben zumindest zwei mit dem Fernsehen zu tun.

Nun kann sie es nicht länger aufschieben. Sie muss aus dem Haus und sich nach einer Wohnung umsehen. Sie will das nicht tun, weil sie sich nicht eingestehen will, dass sie gar kein eigenes Quartier hat. Lieber würde sie sich um dieses Problem nicht kümmern und den ganzen Tag im Apartment bleiben.

Sie geht mehrmals los, um sich Apartments anzuschauen. Sie kann sich nichts Großes leisten und sieht sich deshalb die allerbilligsten Wohnungen an. Sie besichtigt eine über einem Süßwarenladen und eine über einem italienischen Männervereinslokal. Die dritte, die sie besichtigt, ist nichts als eine Hülse mit einem großen Loch im Boden des Hinterzimmers und mit einem von Brombeeren überwucherten Garten. Der Makler entschuldigt sich bei ihr.

Sie ist froh, dass der Nachmittag zu weit vorangeschritten ist, um sich noch etwas anzuschauen, und dass sie zurück in ihr Apartment gehen und fernsehen und essen und trinken kann.

Oft weint sie über das, was sie im Fernsehen sieht. Gewöhnlich ist es etwas in den Abendnachrichten, ein oder eine Reihe von Todesfällen irgendwo, oder eine Heldentat oder ein Film über einen Säugling mit einer angeborenen Krankheit. Aber manchmal bringt sie schon ein Werbespot zum Weinen, wenn er von alten Menschen oder Kindern handelt. Je jünger das Kind ist, desto leichter bricht sie in Tränen aus, aber selbst ein Film über einen Jugendlichen bringt sie manchmal zum Weinen, obwohl sie keine Jugendlichen mag. Auch nach dem Ende der Nachrichten ringt sie auf dem Weg in die Küche oft noch nach Atem.

Sie vertilgt ihr Abendessen vor dem Fernseher. Nach ein oder zwei Stunden beginnt sie zu trinken. Sie trinkt, bis sie so betrunken ist, dass sie Dinge fallen lässt und ihre Handschrift kaum noch zu lesen ist und sie in manchen Wörtern Buchstaben auslässt und alle Wörter wieder und wieder genau durchlesen muss, die fehlenden Buchstaben einfügt und danach ein paar Wörter über dem unleserlichen Schriftstück ein zweites Mal hinzufügt.

Sie vergisst ihre Vorstellung, die sie einmal vom Maßhalten hatte.

Sie wäscht das Geschirr so hektisch ab, dass die Seife überall hinspringt und Wasser auf den Boden spritzt und vorne auf ihre Kleidung. Tagsüber wäscht sie sich häufig die Hände, wobei sie sie heftig, beinahe brutal, aneinander reibt, weil sie das Gefühl hat, dass alles, was sie anfasst, mit einer schmierigen Schicht überzogen ist.

Sie steht neben der Tür und hört jemanden in der marmorverkleideten Lobby pfeifen.

Eines Tages findet sie eine Wohnung, die sie nehmen möchte. Sie ist nicht gerade hübsch, aber sie ist bereit, sie zu nehmen, weil sie wieder ein Zuhause haben möchte, und sie möchte durch einen Mietvertrag an diese Stadt gebunden sein, sie möchte nicht, dass es ihr weiterhin so geht wie im Moment, ohne Halt in der Welt, der einzige Mensch, der keinen festen Platz hat. Sie stellt sich vor, dass sie nach ihrem Umzug eine

Party geben wird. Sie unterschreibt ein paar Papiere. Der Makler will sie später anrufen und ihr mitteilen, ob alles geklappt hat oder nicht. Sie geht nach Hause und kauft mit künstlicher Ruhe Lebensmittel ein, so als drohte etwas zu zerbrechen, wenn sie sich zu schnell bewegt. Den ganzen nächsten Tag bewegt sie sich auf diese Weise: gemächlich und mit Bedacht. Dann ruft später am Abend der Makler an und sagt ihr, dass sie das Apartment nicht bekommt. Der Besitzer hat plötzlich beschlossen, nicht zu vermieten. Sie kann diese Erklärung kaum glauben.

Jetzt ist sie sicher, dass sie nie wieder ein Zuhause finden wird.

Sie liegt mit einer Flasche Bier im Bett. Sie leert die Flasche und will sie abstellen. Sie kann sie nicht auf das blanke Holz des Nachttisches stellen, weil sie einen Fleck hinterlassen würde und der Tisch nicht ihr gehört. Sie stellt sie auf ein Buch, aber auch das Buch gehört nicht ihr. Sie tut sie auf ein anderes Buch, ein Liederbuch, das ihr gehört.

Dann steht sie auf, weil sie sieht, dass die Kleider, die sie vorher ausgezogen hat, in einem Haufen über einem Stuhl liegen. Sie möchte sie glatt hinlegen – für den Fall, dass sie sich dazu entschließen sollte, sie am nächsten Tag anzuziehen, und sie breitet sie aus, aber da sie ziemlich betrunken ist, liegen sie, wie sie feststellt, nicht glatt da. Sie ist betrunken, weil sie zwei Flaschen Bier getrunken hat, ein Glas Drambuie und danach eine dritte Flasche Bier.

Obwohl sie betrunken ist, kann sie immer noch ein paar Dinge im Kopf behalten, wenn auch nur mit Mühe. Sie bemerkt, wie gut sie sich auf Dinge konzentrieren kann, und denkt, dass sie immer noch scharfsinnig ist. Sie denkt darüber nach, dass ihr Scharfsinn nicht mehr so viel zählt wie früher. Ihr Scharfsinn zählt mit zunehmendem Alter immer weniger.

Sie liegt im Dunkeln da und versucht sich zusammenzunehmen. Sie fühlt, dass dies der Rand eines Abgrunds ist, diese Rückkehr. Es ist jetzt zwei Uhr nachts vorbei, aber sie kann nicht einschlafen.

Auf der unbeschrifteten Seite eines Lastwagens ein dunkelblauer Adler mit gespreizten Flügeln. Sie passt ihn ab und sieht, wie das Postauto vor dem Fenster, neben dem Hydranten, anhält. Sie sieht, wie der Postsack aus dem Lastwagen auf den Gehsteig geworfen wird und wie ihn der Hausmeister über den Gehsteig zerrt und stehen bleibt, wie er ihn am Kragen oberhalb der Umschnürung festhält, während er sich mit einem anderen Hausmeister unterhält, und sie wird wütend, als sie das beobachtet, weil in dem Sack ein Brief für sie sein könnte.

Sie erfährt von einem Apartment in einer netten, kleinen Straße, aber das wird sie nicht besichtigen, weil man ihr auch noch sagt, dass im Stockwerk darunter ein geistig zurückgebliebener Mann mit seinem Vater lebt und dass die beiden miteinander streiten und sich gegenseitig anschreien und sie sich das mitanhören müsste.

Der Tag ist wieder düster, und es sieht nach Regen aus. In dem fahlen Licht kehrt sie die abgestorbenen Blätter der Zimmerpflanzen zusammen und gießt Wasser in die Töpfe. Dieser Tag verläuft geordneter.

Die schweren Bücher im Esszimmer, die nun schon so lange auf den Regalen der Länge nach umgefallen und seitlich umgekippt waren, sodass ihre Umschläge zerknittert und deformiert sind, stellt sie senkrecht auf. Im Wohnzimmer steht noch ein Bücherschrank, mit Glastüren und oben drauf eine Uhr, die jedes Mal zischt, wenn der Sekundenzeiger eine bestimmte Stelle passiert. Nun geht sie den Flur hinunter, und sobald sie wieder an ihnen vorbeikommt, stellt sie noch mehr Bücher gerade.

Der Flur ist lang und dunkel und hat viele Winkel, sodass sich nach jeder Biegung ein weiteres Stück Flur zeigt, und dieser Flur scheint manchmal unendlich lang zu sein.

Im Schlafzimmer, wo sie fernsieht, kann sie des Öfteren die Klänge eines Streichquartetts oder anderer klassischer Musik hören. Es ist ein leiser Ton, aber absolut rein. Als sie ihn zum ersten Mal hörte, fragte sie sich, ob es irgendwo in diesem Zimmer ein Radio gab, das sehr leise gestellt war. Sie machte langsam eine Runde durch das Zimmer und lauschte. Die Wände sind dunkel, die Fenster sind abgeschattet, und ein langer, niedriger Schreibtisch aus zerkratztem grünem Holz steht darin und über ihm ein Spiegel, in den sie immer wieder hineinblickt, so wie sie auch in die drei hohen Spiegel der Wandschranktüren blickt. Die Musik tönt aus dem Heizkörper, der unter einer gerahmten Fotografie eines Mannes mit Bart steht; das ist der Altphilologe, dessen Bücher im anderen Zimmer umgefallen waren. Sie neigte ihr Ohr zum Heizkörper hinunter und stellte fest, dass die Musik aus dem Drehknopf kam. Nun liegt sie manchmal auf dem Bett und hört der Musik zu. Sie ist gerade so leise, dass sie durch sie nicht vom Denken abgehalten wird.

Eines Tages spaziert eine Fliege über ihre Hand, und sie hat das Gefühl, die Anwesenheit der Fliege strahle Freundlichkeit aus. Am gleichen Tag möchte sie einen Polizisten auf der Straße anhalten und mit ihm reden. Dann geht dieser Impuls wieder vorbei.

Sie beschließt, ein paar Leute anzurufen. Sie sagt sich, dass sie mit ein paar Leuten reden müsse. Sie macht sich Sorgen, und dann ärgert sie sich, dass sie sich Sorgen macht, weil sie immer nur über sich nachdenkt und die Welt immer so düster sieht. Aber sie weiß nicht, wie sie damit aufhören kann.

Sie liest ein Buch über Zen und schreibt auf ein Stück

Papier die acht Teile von Buddhas achtgliedrigem Pfad und denkt, dass sie ihn gehen könnte. Sie stellt fest, dass das vor allem bedeutet, dass man alles richtig macht.

Obwohl es schon Zeit ist, schlafen zu gehen, isst sie noch etwas. Müsli, dann, nach dem Müsli, Butterbrot, anschließend Marshmallows und noch andere Sachen. Sie dreht sich auf den Bauch und betrachtet ein paar Buchumschläge. Sie kann jetzt weiterlesen, ohne etwas zu essen. Ihr Magen ist so voll, dass sie nicht bequem auf ihm liegen kann, und sie hat das Gefühl, auf einem Felsen oder einem Bündel Holz zu liegen. Sie hat ihren Magen gefüllt, als wollte sie einen Rucksack oder ein Boot für eine lange Reise füllen. Es wird dösig und heiß sein, und sie wird mehrmals aufwachen und wieder einschlafen und unangenehme Träume haben, oder der Schlaf wird sich nicht einstellen, dafür hartnäckige Fragen. Aber: Bloß keine Tränen.

Der Regen fällt gleichmäßig weiter, eine Spur lauter als die Klimaanlage. Im Hof ein weiches Trommeln und gelegentlich ein lauteres Platschen.

Sie kann nicht einschlafen. Sie liegt mit einem Ohr auf der Matratze und hört ihrem lauten Herzschlag zu, zunächst dem fühlbaren Blutstrom aus dem Herzen und eine Mikrosekunde danach dem Pochen in ihrem Ohr. Es klingt wie *schipum, schipum.* Dann schläft sie ein und wacht wieder auf, als sie träumt, ihr Herz sei eine Polizeistation.

In einer anderen Nacht sind es die Lungen; sie schließt ihre Augen, und ihre Lungen scheinen so groß wie das Zimmer und so finster, eingeschlossen in einen dünnschaligen Panzer, und in einer finsteren Lunge kauert sie sich zusammen, und der Wind pfeift ihr um die Ohren – herein und hinaus.

Einige ihrer Verhaltensweisen kommen ihr nun sonderbar vor. Dann passiert etwas, das ihr einen Schrecken einjagen sollte, aber sie ist nicht erschrocken.

Wie das passierte: Am Ende des Tages schaltet sie die Nachrichten ein, und sofort hat sie direkten Blickkontakt mit einem Nachrichtensprecher, der sie mit beinahe unerträglicher Intensität anstarrt. Er ist der erste Mensch, der sie an dem ganzen Tag angesprochen hat. Aufgewühlt von diesen paar Minuten direkter Ansprache, geht sie in die Küche, um ein Omelette zu machen. Sie mixt die Eier und gießt sie in die Pfanne, wo die Butter zu bräunen beginnt. Als das Omelette Form annimmt, blubbert und schnattert es und erzeugt so eine eigene Art von wildem Geräusch, und plötzlich denkt sie, es wird gleich mit ihr reden. Hellgelb, glitzernd, mit Öltupfern obenauf, hebt es sich sanft und sinkt in der Pfanne in sich zusammen.

Oder, richtiger: Sie erwartet nicht, dass das Omelette redet, aber als es nichts sagt, ist sie überrascht. Doch als sie später darüber nachdenkt, was passiert ist, begreift sie, dass sie tatsächlich so etwas wie eine Verletzung erlitten hat. Die Stummheit des Omelettes entströmte ihm in der Form eines großen Ballons und drückte gegen ihre Trommelfelle.

Aber es ist nicht das, was sie so sehr erschreckt, sondern das allerletzte Anzeichen der Verstörung, der Vorfall auf dem Highway, der sie veranlasst, die Anzeichen von Verstörung aufzulisten und aufzuzählen, selbst wenn sie auch da noch nicht jedes Mal entscheiden kann, ob das, was ihr als Zeichen einer Verstörung erscheint, auch als ein solches zu zählen ist, da es ziemlich normal für sie ist, zum Beispiel laut mit sich zu reden oder zu viel zu essen, oder ob es dazuzuzählen ist, weil es jemand anderem zumindest als leicht abwegig erscheinen könnte, und so schwankt sie, nachdem ihr zehn oder elf Anzeichen eingefallen sind, ob sie fünf oder sieben Anzeichen als echte Anzeichen von Verstörung zählen soll, und legt sich schließlich auf fünf fest, zum Teil, weil sie die Vorstellung, dass es sogar sieben sein könnten, nicht hinnehmen kann.

Sie hofft, dass all das bloß das Ergebnis ihrer Erschöpfung ist. Sie denkt, es werde wieder aufhören, wenn sie eine Bleibe für sich gefunden hat. Es wird keine große Rolle für sie spielen, um welche Art von Bleibe es sich handelt, zumindest zu Anfang nicht. Nun bleiben zwei Möglichkeiten: ein helles und geräumiges Apartment in einer ihrer Meinung nach gefährlichen Gegend, oder eine beengte und laute Wohnung neben der Eisenbahn, in einem Stadtteil, den sie mag.

Was passierte, war, dass sie sich einer Reihe von Autobahn-Mautstationen näherte und drei Viertel-Dollar-Münzen in der Hand hielt. Die Maut betrug fünfzig Cent, also musste sie zwei Viertel-Dollar-Münzen in der Hand behalten und eine zurücktun. Das Problem war, dass sie sich nicht entscheiden konnte, welche sie zurücktun sollte. Immer wieder blickte sie zu den Viertel-Dollar-Münzen hinunter und dann wieder hoch, und gleichzeitig versuchte sie zu lenken und kam dabei den Mautstellen immer näher und näher und zog das Auto nach Mitte links, so als wüsste sie, dass sie vielleicht würde stehen bleiben müssen. Jedes Mal wenn sie zu ihnen hinabsah, teilten sich die drei Viertel-Dollar-Münzen in Gruppen von je einem und zwei auf, aber jedes Mal, wenn sie drauf und dran war, eine zurückzutun, schien sie ihr wie der Teil eines Paars, sodass sie sie nicht zurücktun konnte. Das passierte wieder und wieder, während sie auf die Mautstellen zurollte, bis sie schließlich, entgegen ihrem Willen, eine Viertel-Dollar-Münze zurücktat. Sie redete sich ein, die Wahl sei willkürlich, aber sie hatte das untrügliche Gefühl, dass das nicht so war. Sie hatte vielmehr das Gefühl, dass das in Wahrheit von einem höheren Gesetz gesteuert wurde, obwohl sie nicht wusste, was für ein Gesetz das war.

Sie hatte Angst – und das nicht nur, weil sie gegen etwas verstoßen hatte, sondern weil es nicht das erste Mal war, dass sie minutenlang ihre Handlungsfähigkeit verloren hatte. Und weil und obwohl es ihr schlussendlich gelungen war, eine Viertel-Dollar-Münze zurückzutun, zur Mautstation hinzufahren, die Maut zu bezahlen und ihre Fahrt fortzusetzen, hätte sie ebenso gut bewegungsunfähig sein können und hätte mitten auf dem Highway ihren Wagen anhalten und bis in alle Ewigkeit da zurückbleiben können.

Und außerdem: Wäre sie nicht in der Lage gewesen, eine Entscheidung in dieser einen unbedeutenden Sache zu treffen, wie es gewesen sein mochte, dann mochte sie auch sonst nichts entscheiden können, weil es den ganzen Tag so etwas zu entscheiden galt, wie zum Beispiel, ob sie in dieses Zimmer gehen sollte oder in jenes, ob sie die Straße in der einen Richtung entlang gehen sollte oder in der anderen, ob sie die U-Bahn bei diesem Ausstieg verlassen sollte oder bei jenem. Es gab viele Möglichkeiten, Argumente für jede Entscheidung zu finden, und oft konnte sie sich nicht einmal entscheiden, in welche Richtung ihre Argumente gehen sollten, und schon gar nicht die Entscheidung selbst treffen. Und auf diese Weise mochte sie, vollständig blockiert, außerstande sein, mit ihrem Leben weiter zu machen.

Aber als sie, später dann am Tag, bis zur Hüfte im Wasser steht, denkt sie, dass sie recht hat: All das ist wahrscheinlich nichts als Erschöpfung. Sie steht ohne ihre Brille bis zur Hüfte im Wasser auf einer Felsküste. Sie wartet auf eine Art Offenbarung, denn sie spürt, dass eine Offenbarung naht, aber obwohl ihr verschiedene andere Gedanken gekommen sind, scheint ihr keiner von ihnen viel von einer Offenbarung zu haben.

Sie steht da und schaut geradewegs in die grauen Wellen, die, gekreuzt von einer steifen Brise, auf sie zurollen, hart und scharfzackig wie Gesteinssplitter, und sie spürt, wie ihr das Grau des Wassers die Augen auswäscht. Sie weiß, dass es der größere Riss in ihrem Leben ist, der sie verstört, nicht bloß die Heimatlosigkeit, aber eine Bleibe zu finden wäre hilfreich. Sie denkt, dass sich wahrscheinlich all das zum Guten wenden, dass es nicht böse enden werde. Dann blickt sie hinüber zu den Schornsteinen in der Ferne, fast unsichtbar jenseits der Meerenge, denkt jedoch, dass auch das nicht die Offenbarung war, auf die sie gewartet hatte.

Anmerkung des Übersetzers:

Den Hinweis, dass die auf Französisch zitierten Passagen in »Der Brief« Paul Valérys Gedicht »Le bois amical« entstammen, verdanke ich dem Romanisten und Germanisten Helmut Moysich, der mich auch darauf hingewiesen hat, dass Valéry das Sonett seinem Kollegen André Gide gewidmet hat.

Le bois amical

Nous avons pensé des choses pures
Côte à côte, le long des chemins,
Nous nous sommes tenus par les mains
Sans dire… parmi les fleurs obscures;

Nous marchions comme des fiancés
Seuls, dans la nuit verte des prairies;
Nous partagions ce fruit de féeries
La lune, amicale aux insensés.

Et puis, nous sommes morts sur la mousse,
Très loin, tout seuls parmi l'ombre douce
De ce bois intime et murmurant;

Et là-haut, dans la lumière immense,
Nous nous sommes trouvés en pleurant
Ô mon cher compagnon de silence!

Inhaltsverzeichnis

Lydia Davis im Literaturverlag Droschl

»Ein Buch von Davis ist eine unerschöpfliche Fundgrube: an übermütiger Belesenheit, an intelligenter Komik, hinterhältiger Präzision. Davis zu lesen ist ein unschätzbares Vergnügen.« (Bernhard Oberreither, Der Standard)

»Umwerfend komisch, erschreckend, vom Feinsten. Davis ist eine Magierin in Sachen Selbst Bewusstsein.« (Jonathan Franzen)

Fast keine Erinnerung
Stories. 2008. € 19,00
»Diese Geschichten sind klug bis an die Grenze zur Weisheit; präzise beobachtet und dann in mikroskopischer Analyse bearbeitet bis an die Grenze zum Sprachspiel.« (Verena Lueken, FAZ)

Das Ende der Geschichte
Roman. 2009. € 21,00
»Zugleich radikal persönlich und mit analytischer Distanz hinterfragt der Text die gelebten Gefühle, die Verlässlichkeit der Erinnerung und die Schwierigkeit, sie literarisch zu fassen.« (Angela Schader, NZZ)

Formen der Verstörung
Stories. 2011. € 22,00
»Tröpfchenweise wird der eigene Blick auf die bittere Absurdität des Alltags von den Formen der Verstörung geformt. Lydia Davis ist ansteckend.« (Lennart Laberenz, taz)

Kanns nicht und wills nicht
Stories. 2014. € 23,00
»Lydia Davis kann in Köpfe schauen, meint man, und in Herzen.« (Philipp Holstein, Rheinische Post)

Samuel Johnson ist ungehalten
Stories. 2017 € 22,00
»Ein wahres Suchtmittel.« (Susanne Mayer, Die Zeit)

www.droschl.com

IRIS HANIKA

Treffen sich zweit
Roman, 240 Seiten, btb 73976

Das Eigentliche
Roman, 176 Seiten, btb 74198

Tanzen auf Beton
176 Seiten, btb 74664

Wie der Müll geordnet wird
Roman, 304 Seiten, btb 71370

btb